居家必備

明刻本

图书在版编目（C I P）数据

居家必备 / (明) 佚名编. -- 北京 : 海豚出版社,
2018.1
ISBN 978-7-5110-3662-9

Ⅰ. ①居… Ⅱ. ①佚… Ⅲ. ①生活方式－中国－古代
－百科全书 Ⅳ. ①D691.93-61

中国版本图书馆 CIP 数据核字(2017)第 321416 号

书名：居家必备
作者：(明) 佚名编
责任编辑：李俊
责任印制：蔡丽
出　　版：海豚出版社
网　　址：http://www.dolphin-books.com.cn
地　　址：北京市百万庄大街 24 号
邮　　编：100037
电　　话：010-68325006（销售）　　010-68998879（总编室）
印　　刷：虎彩印艺股份有限公司
经　　销：新华书店及网络书店
开　　本：16 开（210 毫米×285 毫米）
印　　张：122.25
字　　数：978（千）
版　　次：2018 年 1 月第 1 版　　2018 年 1 月第 1 次印刷
标准书号：ISBN 978-7-5110-3662-9
定　　价：3520.00

出版説明

現代漢語用『圖書』表示文獻的總稱，這一稱謂可以追溯到古史傳説時代的河圖、洛書。在從古到今的文化史中，圖像始終承擔着重要的文化功能。傳説時代的大禹『鑄鼎象物』，將物怪的形象鑄到鼎上，使『民知神奸』。在《周易》中也有『制器尚象』之説。一般而論，文化生活皆有其對應的物質層面的表现。在中國古代文獻研究活動中，學者也多注意器物、圖像的研究，如《詩》中的草木、鳥獸、《山海經》中的神靈物怪，禮儀中的禮器、行禮方位等，學者多畫爲圖像，與文字互相發明，成爲經學研究中的『圖説』類著述。又宋元以後，庶民文化興起，出版業高度發達，版刻印刷益發普及，在普通文獻中也逐漸出現了圖像資料，其中廣泛地涉及植物、動物、日常的物質生產程序與工具、平民教化等多個方面，其中流傳至今者，是我們瞭解古代文化的重要憑藉，通過這些圖文並茂的文本，讀者可以獲得對古代文化生動而直觀的感知。爲了方便讀者利用，我們將古代文獻中有關圖像、版畫、彩色套印本等文獻輯爲叢刊正式出版。

本編選目兼顧文獻學、古代美術、考古、社會史等多種興趣，範圍廣泛，版本選擇也兼顧古代東亞地區漢文化圈的範圍。圖像在古代社會生活中的一大作用涉及平民教化，即古人所謂的『圖像古昔，以當箴規』，（語出何宴《景福殿賦》）明清以來，民間勸善之書，如《陰騭文》、《閨范》等，皆有圖解，其中所宣揚的古代道德意識中的部份條目固然爲我們所不取，甚至是應該批判的對象，但其中多有精美的版畫，除了作爲古代美術史文獻以外，由此也可考見古代一般平民的倫理意識，實爲社會史研究的重要材料。

本編擬目涉及多種類型的文獻，茲輯爲叢刊，然亦以單種别行為主，只有部份社會史性質的文本，因爲篇卷無多，若獨立成册則面臨裝幀等方面的困難，則取同類文本合爲一册。文獻卷首都新編了目録以便檢索，但爲了避免與書中内容大量重複，無謂地增加篇幅，有部份新編目録視原書目録爲簡略，也有部份文本性質特殊，原書中本無卷次目録之類，則約舉其要，新擬條目，其擬議未必全然恰當。所有文獻皆影印，版式色澤，一存古韻。

目録（十卷）

嵩溪公譜

共十本

居家必備引

夫居家以教子弟爲先教子弟以讀書爲本讀書又必以治生爲急賢子弟而枕經藉史則鄴侯三萬籤方存乎見少而奚問治生奉養米鹽瑣屑之編爲家之富履之祥耶然叅區隴

上不無力農務本之家童習稼穡未嫺儀文于是或傷擁絜于饑寒或媿黃頭于禮節則是編又安可少也首之以家儀以懿訓俾知惇倫脩德之有方次之以邇遊以攝養俾知從違消息之可則又次之以治生以飲饌

則雞黍有具而乾餱無愆賓客諸父之適我也又次之以才藝以淸課則林園樂志而壺矢爲懽優哉游哉以卒歲也仲長統所謂何羨乎入帝王之門手此一編柳陰下于養生齊家不亦有餘裕哉因喜爲之引瞿祐宗

吉甫撰

居家必備總目

卷一

家儀

卷二

懿訓

遵生寶訓　座右箴言

居家制用　經鋤雜志

韋弦佩　視履約

食觀酒鑒　模世語

治病藥　心相論

陽宅論　勸善錄

辨惑論

卷三

治生上

卷四

卷五

奉養

卷九

藝學下

卷十

鑒古玩品

居家必備卷一

家儀

呂氏鄉約

女誡

女範

居家儀禮

漳郡張一棟

宗法考

宗法大宗一統小宗四別子爲祖以嫡承嫡百代不絶是曰大宗大宗之庶子皆爲小宗小宗有四五世則遷已身庶也宗禰宗已父庶也宗祖宗已祖庶也宗曾祖宗已曾祖庶也宗高祖宗已高祖庶也則遷而惟宗大宗所宗者祭之大宗絶則族人以支子後之凡祭主於宗子其餘庶子雖貴且富皆不敢祭有

祭必祭於宗子之家故祭不瀆禮不亂祭舉而神享焉祭畢則合族以食宗族有事必以聞於宗子乃告廟焉宗子死族人雖無服者亦齊衰三月以盡重宗之禮

宗法不可行於今者以封建不復舉學教不復修井田不復制其不可行者勢也於勢稍順而分得爲者惟藩封與勳戚近之然所存者勢而已非其要也將欲維持族類以附于小宗其爲說有三尊尊老老賢賢惟所遇焉斯可矣視其族行輩長者得主之斯尊

尊矣無已行卑而年高者得主之斯老老矣無已而德誼足稱年行雖卑亦得主之斯賢賢矣此宗法之變也

古人宗法立而後親親之道明近世宗法不立故宗族不得時會自同堂叔伯兄弟之外其疎遠從親至有不識其面者豈同宗一本之義乎更有一等於宗族之有勢力者則日趨其門親近如炎貧而賤者則畧無相卹冷淡如冰此節尤可深惡此後吾輩於宗族當不分貴富貧賤歲時必登拜其門其相見之時

尊卑自有定禮尊者毋過爲俯屈卑者毋過爲驕侍
其途間相遇必拱立道旁急趨而揖有問則對無問
則俟尊長行後而後行其冠婚喪祭之期必躬自致
請使之必聞或有喪不能舉婚不能娶俯仰無賴者
量力助之或鳩合族有力者共舉之其有遺棄孤幼
尤所當念必使之得所至於母黨妻黨亦然但施有
序而惠及有等也

古者大宗有爲後而小宗不得爲後者何也大宗立
後所以收族也收族所以尊祖也小宗無爲後也勢

也祖遷於上宗易於下五世易無後續矣其族統於大宗而其親分於四宗喪主于其親祭祔于其祖又何後之有其爲大夫士者則爲之置後置後者皆假以行大夫士之禮蓋主其喪者也其無爵也男主同姓女主異姓則皆其親也其廟也繼高者絕繼曾者得主之矣繼曾者絕繼祖者得主之矣繼祖者絕繼禰者得主之矣繼禰者祔祖繼祖者祔曾繼曾者祔高則皆其祖也舍是而必於爲後則是專其貨財處其宮室而以爲己私有識者之所恥而不爲而庶子

昆弟之旁親皆可覬覦而幸其禍及是開自私之端聖人所必禁也而可以爲訓哉故曰小宗無後非聖人之忍也勢也

同姓之子昭穆不順亦不可以爲後鴻雁微物猶不亂行人乃不然至於叔拜姪於理安乎況啟爭端設不得已養弟養姪孫以奉祭祀惟當撫之如子以其財產與之受所養者奉所養如父如古人爲嫂制服如今世爲祖承重之意而昭穆不亂亦無害也

繼祖之意甚重若兄當主祀而無子其親弟只有一

子亦宜令後兄以繼祖弟若不復有子爲己後可并
入宗祀而兄死而無後弟又未娶未即有子弟可奉
祀并祀兄不必更立他人之子爲兄後若立他人之
子則相傳之脉絶矣死者必不安若死者財產不足
立後存祀當如禮之無後祔食祖祠

冠禮考

漳郡張一棟

凡人之所以爲人者禮義也禮義之始在於正容體齊顏色順辭令容體正顏色齊辭令順而後禮義備以正君臣親父子和長幼君臣正父子親長幼和而後禮義立故冠而後服備服備而後容體正顏色齊辭令順故曰冠者禮之始也是故古者聖王重冠古者冠禮筮日筮賓所以敬冠事敬冠事所以重禮重禮所以爲國本也故冠於阼以著代也醮於客位三

加彌尊加有成也巳冠而字之成人之道也見於母母拜之見於兄弟兄弟拜之成人而與爲禮也玄冠玄端奠摯於君遂以摯見於鄉大夫鄉先生以成人見也成人之者將責成人禮焉者也責成人禮焉者將責爲人子爲人弟爲人臣爲人少者之禮行焉將責四者之行於人其禮可不重與故孝弟忠順之行立而後可以爲人可以爲人而後可以治人也故聖王重禮故曰冠者禮之始也嘉事之重者也是故古者重冠重冠故行之於廟行之於廟者所以尊重事

尊重事而不敢擅重事不敢擅重事所以自卑而尊
先祖也
戒賓辭
戒賓曰某有子某將加布于其首願吾子之教之也
賓對曰某不敏恐不能共事以病吾子敢辭主人曰
某猶願吾子之終教之也賓對曰吾子重有命某敢不
從宿曰某將加布于某之首吾子將莅之敢宿賓對
曰某敢不夙興
三加祝辭

始加祝曰令月吉日始加元服棄爾幼志順爾成德壽考惟祺介爾景福再加曰吉月令辰乃申爾服敬爾威儀淑慎爾德眉壽百年永受胡福

三加曰以歲之正以月之令咸加爾服兄弟具在以成厥德黃耇無疆受天之慶

醴辭

醴辭曰甘醴惟厚嘉薦令芳拜受祭之以定爾祥承天之休壽考不忘

醮辭

醮辭曰旨酒既清嘉薦亶時始加元服兄弟具來孝友時格永乃保之再醮曰旨酒既湑嘉薦伊脯乃申爾服禮義有序祭此嘉爵承天之祜三醮曰旨酒令芳籩豆有楚咸加爾服肴升折俎承天之慶受福無疆

字辭

字辭曰禮儀既備令月吉日昭告爾字爰字孔嘉髦士攸宜宜之于嘏永受保之字曰伯某甫仲叔季唯其所當

伊川程先王曰冠禮廢天下無成人或欲如魯襄公十二而冠此不可冠所以責成人事十二年非可責之時旣冠矣且不責以成人事則終其身不以成人望之也徒行此節文何益

子弟當冠延有德之士庶可責以成人之道其儀式並遵文公家禮

子未冠不許以字行不許以稱弟庶幾合於古人責成人之意

每月朔各鄉教讀以子弟之始冠者見有司誨以成

人之道

凡謝賓束帛不必如古人之數上戶絹一疋中戶布一疋下戶帕一合

凡男二十而冠先稟家長凡四書不熟不通家訓雖二十不冠童年有穢行不冠有過三不改不冠

凡冠須年相若者三五人同日乃便于謝賓凡冠必須春秋祭日乃便于告祠堂

女笄者母為主選賓行禮製辭字之女子許嫁笄年十五未許嫁亦笄母為主前期月三日戒賓一日宿

賓亦擇親姻婦女之有禮者爲之以牋書其辭使人致之辭如冠禮

盥盆

張帷爲房於廳事之東

主人

主人　阼階

擯者

賓者西向

冠

三加冠服

冠席

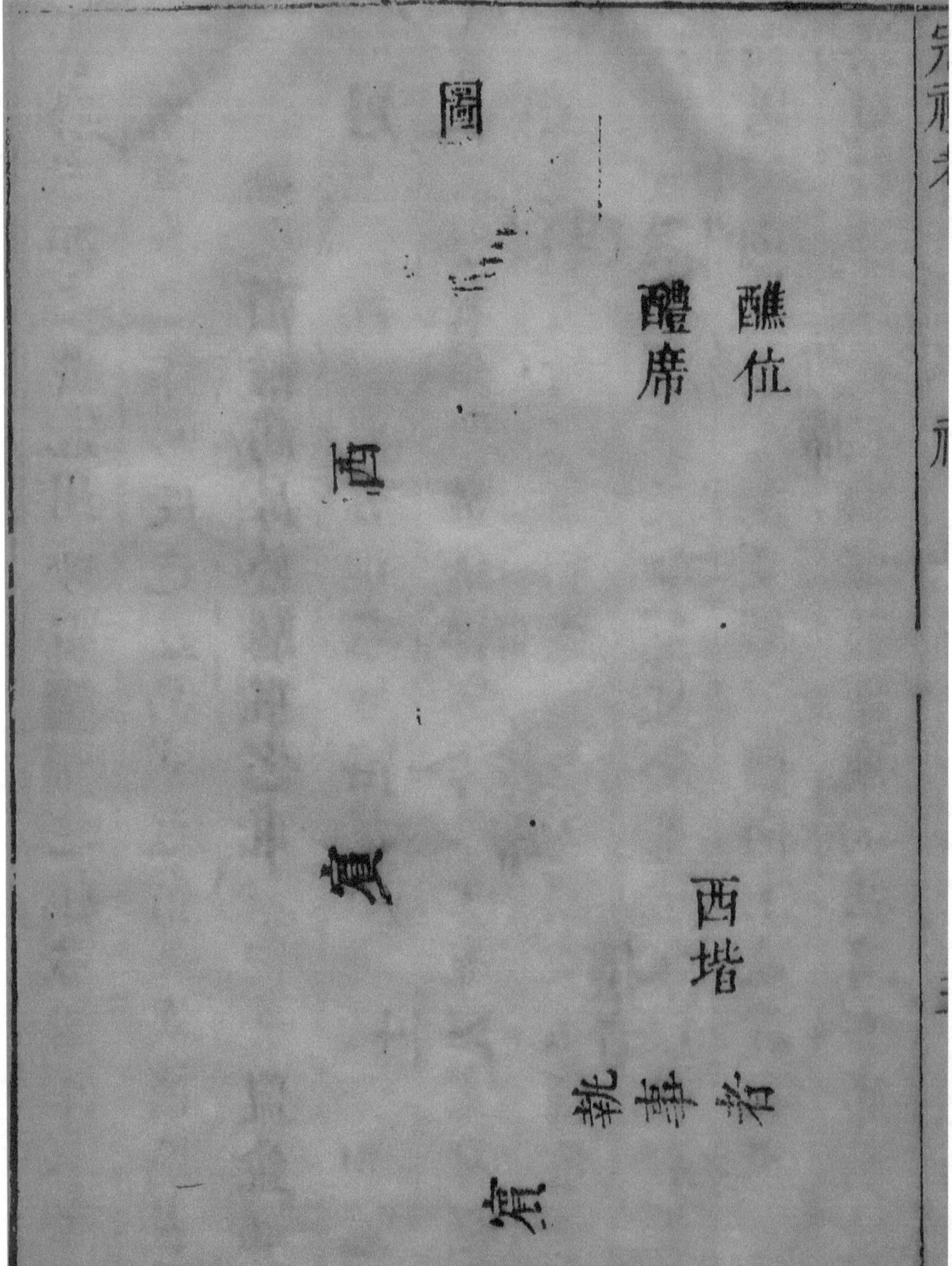
圖
醮位
醴席
西
賓
西階
執事者
賓

古有三加之禮冠用紗帽幞頭之類服用深衣皂衫
公服革帶之類制度近迂品式近僭亦人情所甚駭
者今斷從簡易酌其便於民俗者以便遵行凡冠初
加用小帽再加用方巾三加用儒巾或只一加冠而
巾三祝餘者俱照常儀禮男子年十五以上身無期
以上喪始可行之前期主人告于祠堂戒賓遣子弟
以書致詞厥明陳三加冠服於案上蒙以帕賓至立
西堦下東向主人立東階下西向主迎賓入揖升堦
各就位主東席西向賓西席東向擯者布席長子則

於東堦上少北衆子則少西南向行三加禮設醮席
席設于堂中間少西南向賓揖冠者即席西向賓詣
醮席北向三醮之冠者拜受賓答拜執事者薦饌冠
者即席祭脯醢祭酒啐酒再拜賓答拜冠者與離席
立於西階之東南向賓少進字之冠者拜賓答拜禮
畢主人以冠者見祠堂告曰某之子某令日冠畢敢
見遂見于尊長乃禮賓

婚禮考

漳郡張一楝

天地合而後萬物興焉夫婚禮萬世之始也取於異姓所以附遠厚別也幣必誠辭無不腆告之以直信信事人也信婦德也壹與之齊終身不改故夫死不嫁男子親迎男先於女剛柔之義也天先乎地君先乎臣其義一也執摯以相見敬章別也男女有別然後父子親父子親然後義生義生然後禮作禮作然後萬物安無別無義禽獸之道也壻親御授綏親之

也親之也者親之也敬而親之先王之所以得天下
也出乎大門而先男帥女女從男夫婦之義由此始
也婦人從人者也幼從父兄嫁從夫夫死從子夫也
者天也夫也者以知帥人者也玄冕齊戒鬼神陰陽
也將以爲社稷主爲先祖後而可以不致敬乎共牢
而食同尊卑也故婦人無爵從夫之爵坐以夫之齒
器用陶匏尚禮然也三王作牢用陶匏厥明婦盥饋
舅姑卒食婦餕餘私之也舅姑降自西階婦降自阼
階授之室也婚禮不用樂幽陰之義也樂陽氣也婚

禮不賀人之序也
士婚禮凡行事必用婚昕受諸禰廟辭無不腆無辱
摯不用死皮帛必可制腊必用鮮魚用鮒必殽全
凡使于女家自納采以至請期皆用昕惟壻親迎乃
用婚辭無不腆賓納徵聘不稱幣不善無辱者主人
不謝來辱俱不得互為謙虛敎女正直之義也鮮新
也鮒依附也全完美也
女子許嫁笄而醴之稱字祖廟未毀教于公宮三月
若祖廟已毀則教于宗室

問名主人受鴈還西面對賓受命乃降祭醴始扱一祭又扱再祭賓右取脯左奉之乃歸執以反命

納徵執皮攝之內文兼執足左首隨入西上參分庭一在南賓致命釋外足見文主人受幣士受皮者自東出于後自左受遂坐攝皮逆退適東壁

父醴女而俟迎者母南面于房外女出于母左父西面戒之必有正焉若衣若笄母戒諸西階上不降婦乘以几從者二人坐持几相對婦人寢門贊者徹尊冪酌玄酒三屬于尊棄餘水于堂下階間加勺

壻辭曰吾子有惠貺室某也某有先人之禮使某也
請納采對曰某之子惷愚又弗能教吾子命之某不
敢辭致命曰敢納采
問名曰某既受命將加諸卜敢請女爲誰氏對曰吾
子有命且以備數而擇之某不敢辭
醴曰子爲事故至於某之室某有先人之禮請醴從
者對曰某既得將事矣敢辭先人之禮敢固以請某
辭不得命敢不從也
納吉曰吾子有貺命某加諸卜占曰吉使某也敢告

對曰某之子不教唯恐弗堪子有吉我與在某不敢辭

納徵曰吾子有嘉命貺室某也某有先人之禮儷皮束帛使某也請納徵致命曰某敢納徵對曰吾子順先典貺某重禮某不敢辭敢不承命

請期曰吾子有賜命某既申受命矣惟是三族之不虞使某也請吉日對曰某既前受命矣唯命是聽曰某命某聽命于吾子對曰某固惟命是聽使者曰某使某受命吾子不許某敢不告期曰某日對曰某敢

不敬須
凡使者歸反命曰某既得將事矣敢以禮告主人曰
聞命矣
父醮子命之辭曰往迎爾相承我宗事勗帥以敬先
妣之嗣若則有常子曰諾唯恐弗堪不敢忘命
賓至擯者請對曰吾子命某以茲初婚使某將請承
命對曰某固敬具以須
父送女命之曰戒之敬之夙夜毋違命母施衿結帨
曰勉之敬之夙夜無違宮事庶母及門內施鞶申之

以父母之命命之曰敬恭聽宗爾父母之言夙夜無愆視諸衿鞶

宗子無父母命之親皆没已躬命之支子則稱其宗弟則稱其兄

若不親迎則婦入三月然後壻見曰某以得爲外婚姻請覿主人對曰某以得爲外婚姻之數某之子未得灌溉於祭祀是以未敢見今吾子辱請吾子之就宮曰某將走見對曰某以非它故不足以辱命請終賜見對曰某以得爲婚姻之故不敢固辭敢不從主

人出門左西面壻入門東面奠摯再拜出擯者以摯出請受壻禮辭許受摯入主人再拜受壻再拜送出見主婦主婦闔扉立于其內壻立于門外東面主婦一拜壻答再拜主婦又拜壻出主人請醴及揖讓入醴以一獻之禮主婦薦奠酬無幣壻出主人送再拜

孔子曰嫁女之家三夜不息燭思相離也取婦之家三日不舉樂思嗣親也三月而廟見稱來婦也擇日而祭于禰成婦之義也

胡文定公曰嫁女必須勝吾家娶婦必須不若吾家

人問其故曰嫁女勝吾家則女之事人必欽必敬娶婦不若吾家則事舅姑必執婦道

婚姻乃人道之本親迎醮卒奠鴈授綏之禮今多違之今一袪時俗之習其儀並遵文公家禮娶婦三日婦則見於祠堂男則於中堂行受家規之禮先拜四拜家長親授之祝其謹守毋失復四拜而去

人之男女不可於幼小之時便議婚姻或昔富而今貧或昔貴而今賤或所議之婿流蕩不肖或所議之女狠戾不撿從其前約則難保家背其前約則爲薄

義而爭訟由之以興可不戒哉

婚

父戒女位

主婚者位

主婚者位

主人揖入

出立

主人不降送

庶母及門內申

女母之左

父母之命婦從

壻奠鴈位

壻出降階

壻執鴈從

鴈禮物

壻位

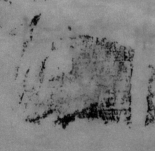

母戒女不降

圖

古禮有納采問名納吉納幣請期親迎六禮今文公家禮大明集禮俱畧去問名納吉請期止用納采納幣親迎以從簡便凡士民男子年十五以上女子年十四以上身及主婚者無朞以上喪乃可成婚媒氏通名之後別致納采之禮卽俗所謂定親禮儀稱家厚薄不可屑屑計較就以問名既納采之後遣媒氏奉書及禮物行納幣之禮幣用色繒貧富隨宜少不過兩多不過十今人率以羊酒筐篚爭相誇靡甚非禮意納幣就以請期至期行親迎之禮婚家設位于

堂中卽合巹之位女家設次于外主人告于祠堂遂
醮其子而命之辭具禮文婿出乘馬至女家俟于次
女家主人告于祠堂亦醮其女而命之辭具禮文主
人出迎婿于門外揖入婿執鴈以從主人升自阼階
西向立婿升自西階北向跪奠鴈于地侍者受之婿
再拜主人不答婿揖女行姆奉女登車婿乘馬先歸
行至其家導婦以入婿婦交拜行合巹之禮明日夙
興婦見于舅姑舅姑禮之三日主人以婦見于祠堂
明日婿往見婦之父母次見婦宗黨婦家禮婿如常

儀敎家類纂

喪禮考

漳郡張一棟

子思曰喪三日而殯凡附於身者必誠必信勿之有悔焉耳矣三月而葬凡附於棺者必誠必信勿之有悔焉耳矣喪三年以爲極亡則弗之忘矣故君子有終身之憂而無終朝之患故忌日不樂

始死充充如有窮既殯瞿瞿如有求而弗得既葬皇皇如有望而弗至練而慨然祥而廓然

子路曰吾聞諸夫子喪禮與其哀不足而禮有餘也

不若禮不足而哀有餘也祭禮與其敬不足而禮有
餘也不若禮不足而敬有餘也
子貢問喪子曰敬爲上哀次之瘠爲下顏色稱其情
戚容稱其服請問兄弟之喪子曰兄弟之喪則存乎
書策矣君子不奪人之喪亦不可奪喪也
三年之喪以其喪拜非三年之喪以吉拜三年之喪
如或遺之酒肉則受之必三辭主人衰絰而受之如
君命則不敢辭受而薦之喪者不遺人人遺之雖酒
肉受也從兄昆弟以下既卒哭遺人可也

凡居喪 要以哀戚襄事爲主不許匿喪成婚始惟食
粥蔬素不得食肉用酒寢處於內大祥後禫而後醴
酒食乾肉
凡居喪孝子不得易凶爲吉赴他人酒席鄉俗有旬
七會飲及葬有山頭等酒會皆深爲害義犯者罪之
凡三等人戸之下葬用薄棺不許焚尸貧者族衆率
錢助之毋令暴露
喪禮送終之道所宜慎重父母年老宜倣古人預制
月制之義預求絲絹爲衣衾之類之需富則可備紵

絲厚於愛親亦不爲過蓋紵絹入地最耐久切不宜用綿布入地不過一月即朽棺木用楠之高者猶差勝於用杉之低者其葬宜用灰槅三合土堅築之

葬者藏也藏者完歸于土之義人子於其親之完歸乃假之爲身家謀爲後嗣計一求於風水再求於年月各執其房分而附於卦例星辰之吉凶各持其年命而撓於支干龜筮之生尅遂至累數年數十年而不克葬豈思生者禍福之來尚未可必而死者暴露之久已大可傷也哉又有溺信風水至侵占他人田

地冒認他人祖墳代人塚葬人祖父拼骸骨怨連訟結底死求勝至於傾家散業而地終不可得親終不成葬福應尚遠禍應至近亦可畏哉故親必照常期卜其宅兆而安厝之惟風不露水不滿蟻不親足矣宋儒之言曰有水以界之無風以散之此風水之說也合葬獨葬各隨所便但築礦不宜磚石磚久易爛而樹根得於石隙穿刺又易顛圮惟用灰隔三合土熬鍊而堅築之久則結成金石與天地同不朽也

喪

齊衰三月 高祖父				
齊衰五月 曾祖父	緦麻 曾祖伯叔父母			
齊衰不杖期 祖父	小功 祖伯叔父母	緦麻 從祖伯叔父母		
斬衰三年 父	不杖期 伯叔父母	小功 從伯叔父母	緦麻 再從伯叔父母	
己	不杖期 兄弟 妻小功	大功 從兄弟 妻無	小功 再從兄弟 妻無	緦麻 三從兄弟 妻無
長三年 長婦期 子	不杖期 姪 妻大功	小功 從姪 妻緦麻	緦麻 再從姪 妻無	
適不杖 庶大功 孫	小功 姪孫 婦緦麻	緦麻 從姪孫 婦無		
緦麻 曾孫	緦麻 曾姪孫 婦無			
緦麻 玄孫				

圖

高祖母 齊衰三月				
曾祖母 齊衰五月	曾祖姑 緦麻 嫁無			
祖母 齊衰不杖期	祖姑 小功 嫁無	從祖姑 緦麻 嫁無		
母 齊衰三年	姑 不杖期 嫁小功	從姑 小功 嫁緦麻	再從姑 緦麻 嫁無	
妻 齊衰杖期 母在則不杖	姊妹 不杖期 嫁大功	從姊妹 大功 嫁緦麻	再從姊妹 小功 嫁緦麻	三從姊妹 緦麻 嫁無
婦 衆子期 婦大功	姪女 不杖期 嫁大功	從姪女 小功 嫁緦麻	再從姪女 緦麻 嫁無	
孫婦 適婦小功 庶婦緦麻	姪孫女 小功 嫁緦麻	從姪孫女 緦麻 嫁無		
曾孫婦 婦無服	曾姪孫女 緦麻 嫁無			
玄孫婦 婦無服				

喪禮所以愼終今俗親喪及葬棺槨衣衾漫不加意惟經禮俱具以待弔客或有拘泥風水之說山家方向未利之故至於停柩累年不行埋葬又有火化檢骨恐心背理之甚者今酌取家禮集禮簡易通行者以便遵行親疾革遷于正寢屬纊廢牀寢地始易服而哭治棺訃告于親友設幃及牀遷尸牀上陳襲衣沐浴飯含卒襲覆以衾主人以下爲位而哭乃設奠置靈座設魂帛銘旌不作佛事厥明陳小斂衣衾主人主婦憑尸哭擗袒括髮免髽于別室遷尸牀于堂

中設奠具執事者陳大斂衣衾舉棺入置堂中少西
乃大斂設靈牀于柩東第四日成服五服之人各服
其服入就位朝哭相弔如儀朝夕哭奠上食朔日則
於朝奠設饌有新物則薦之三月而葬前期擇地之
可葬者擇日開塋域祠后土遂穿壙作灰隔刻誌石
造明器大轝作神主告遷柩乃設奠厥明遷柩就轝
發引行遣奠禮及墓下棺加灰隔內外蓋實以灰實
土而堅築之祠后土藏明器等下誌石題主祝奉主
升車遂行反哭至家而虞柔日再虞剛日三虞百日

卒哭設奠明日而祔朞而小祥設奠如儀再朞而大
祥設奠如儀大祥之後中月而禫祭

祭禮考

漳郡張一棟

大夫士宗廟之祭有田則祭無田則薦庶人春薦韭夏薦麥秋薦黍冬薦稻韭以卵麥以魚黍以豚稻以鴈

大夫無故不殺羊士無故不殺犬豕庶人無故不食珍庶羞不踰牲燕衣不踰祭服寢不踰廟大夫祭器不假祭器未成不造燕器　小戴王制

支子不祭祭必告于宗子　小戴曲禮

適子庶子祇事宗子宗婦雖貴富不敢以貴富入宗子之家雖衆車徒舍於外以寡約入子弟猶歸器衣服裘衾車馬則必獻其上而後敢服用其次也若非所獻則不敢以入於宗子之門不敢以貴富加於父兄宗族若富則具二牲獻其賢者於宗子夫婦皆齊而宗敬焉終事而後敢私祭 出小戴義

諭俗恒言曰修五典以追遠一曰立祠則神有依二曰謹供獻則嗣必賢三曰祭及五世則本不忘四曰祭舉四時則誠不替五曰品因家有財禮不廢

程子云始祖之祭似禘先祖之祭似祫故今不敢僭
祭庶人只祭四代公卿則祭始遷之祖而止耳以古
者諸侯亦只祭五廟禮之宜也
一起祠堂三間繚以周垣以奉先世神主其儀式並
遵文公家禮所以有祭器祭服不許他用子孫入祠
堂當正衣冠即如祖考之在上不得嬉笑對語疾步
一撥常稔田五十畝別蓄其租專充祭祀之費其田
券印某郡某氏祭田六字字號坵步畝亦勒石祠堂之
左俾子孫永遠保守

河南曹氏曰祠堂之設所以盡報本反始之心尊祖敬宗之意實有家名分之首務開業傳世之本也常須修理完固灑掃潔靜嚴加鎖閉非參謁無擅開入及將一應閑雜器物於內寘放

門趾家範曰時新之物雖至薄必薦于祠堂

凡祭器常儲于祠每祭畢直年者面相驗付或有損毀即令修補

唐諸家祭儀皆用開元禮文武官六品以下達於庶人祭于正寢國朝士族相因凡登朝籍皆得祭三世

偉家祭三世亦數十年古之朝天子者用之大夫蓋今之朝臣也固當尊祖矣居家必用

問不祭高祖如何程子曰高祖自有服不祭甚非某家却祭高祖又曰服既如此祭祀亦須如此

繼曾祖之小宗則不敢祭高祖而虛其西龕一繼祖之小宗則不敢祭曾祖而虛其西龕二繼禰之小宗則不敢祭祖而虛其西龕三非嫡長不敢祭其父必大宗及繼高祖之小宗然後得祭四代其餘祭之爲僭

兄弟異居弟不立主兄祭而弟與執事或以物助之爲宜或住居相去遠者弟只與祭時旋設位以紙榜標記遂位祭畢焚之

或問宗子承家主祭而統族人或遊宦遠方則誰主祭曰按附註庶子代之但祝辭云孝子某使介子某執其常事而宗子所在則奉二主以從之　庶子所得自祭之主則留之不得從宗子行

祔位　謂旁親無後及卑幼先亡者主櫝祭饌並同正位

伯叔祖父母祔于高祖伯叔父母祔于曾祖曰若兄

弟及兄弟之妻祔于祖子姪祔于父皆西向列于東
邊姪之父自立祠堂則遷而從之皆孫祔祖龕也
殤謂早幼先亡者男娶女嫁皆不爲殤
八歲至十一爲下殤其祭終父母之身十二至十五
爲中殤其祭終兄弟之身十六至十九爲長殤其祭
終兄弟之子之身成人而無後者其祭終兄弟之孫
之身不滿八歲爲無服殤不祭
庶母春秋傳曰於子祭於孫止
程子曰庶母主不可入祠堂其子當祀於私室

主櫝之制則一

或問嫡母無子庶母有子爲後其主得入祠堂否曰喪服小記云妾祔于祖之妾祖無妾則間曾祖而祔高祖之妾若高祖又無妾當易牲而祔於女君謂嫡室可也註易牲如祖爲大夫孫爲士孫死祔祖則用大夫牲士牲卑不可祭於尊者也○謂妾牲卑不可祭於嫡室乃易牲以上出家禮集說

凡祖禰遠事者忌日有終身之喪是日素服不飲酒食肉居宿於外曾祖以上不遠事者服淺淡衣服禮

殺之
夢餘錄云儒者多執古不墓祭之說雖朱子亦謂神主在廟而墓所藏形體耳故不宜祭然周禮已有家人之官凡祭於墓則以爲尸蓋此理始於周公豈得謂之非古也耶且孝子於故衾遺履尚當起敬形體所在拜而祀之禮不爲過縱使上古所無當以義起矧周公之文明甚而可棄之以自陷於薄哉（教家要畧）

古制家廟圖錄以備考

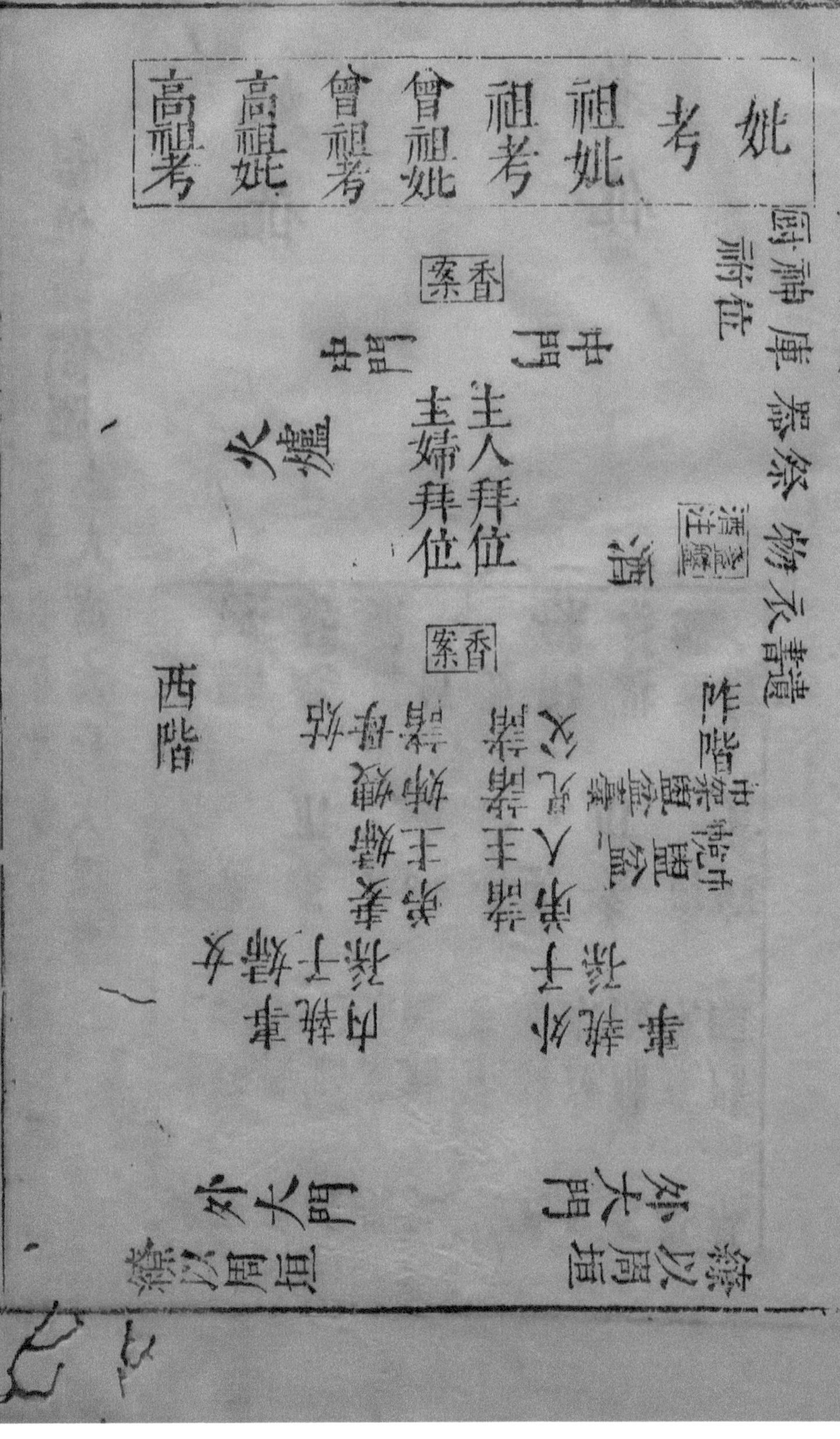
高祖考
高祖妣
曾祖考
曾祖妣
祖考
祖妣
考
妣
香案
中門
主人拜位
主婦拜位
香案
火爐
外大門

每位設饌圖

古人尚右故龕皆以西爲尊 今人尚左位次從俗

妣位

考位

果	果	果	果	果	果
蔬菜	脯醢	蔬菜	脯醢	蔬菜	脯醢
米食	魚	炙肝	肉	麵食	
羹	醋楪	匙筯	盞盤	飯	

果	果	果	果	果	果
蔬菜	脯醢	蔬菜	脯醢	蔬菜	脯醢
米食	魚	炙肝	肉	麵食	
羹	醋楪	匙筯	盞盤	飯	

今制家廟圖

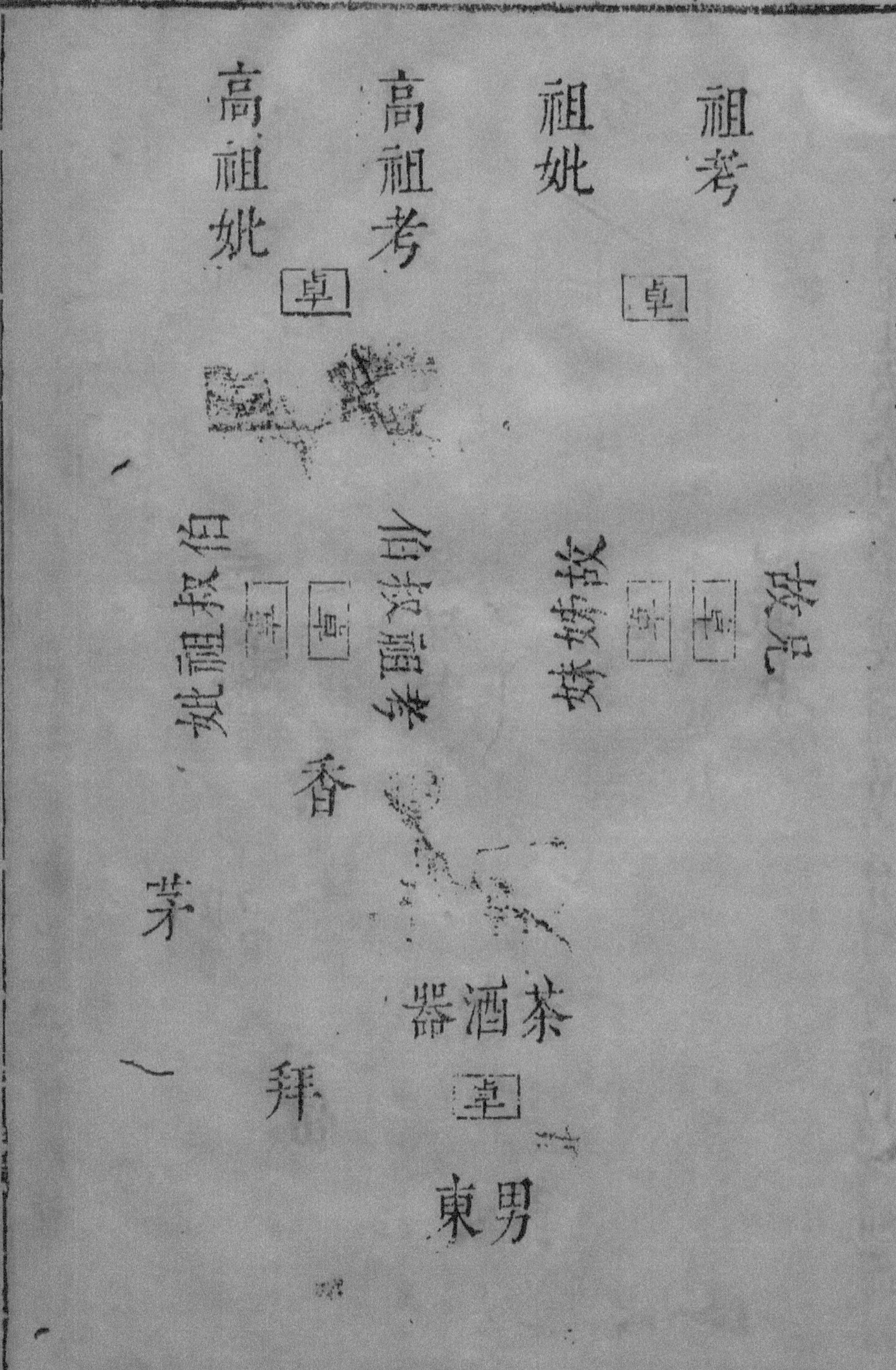

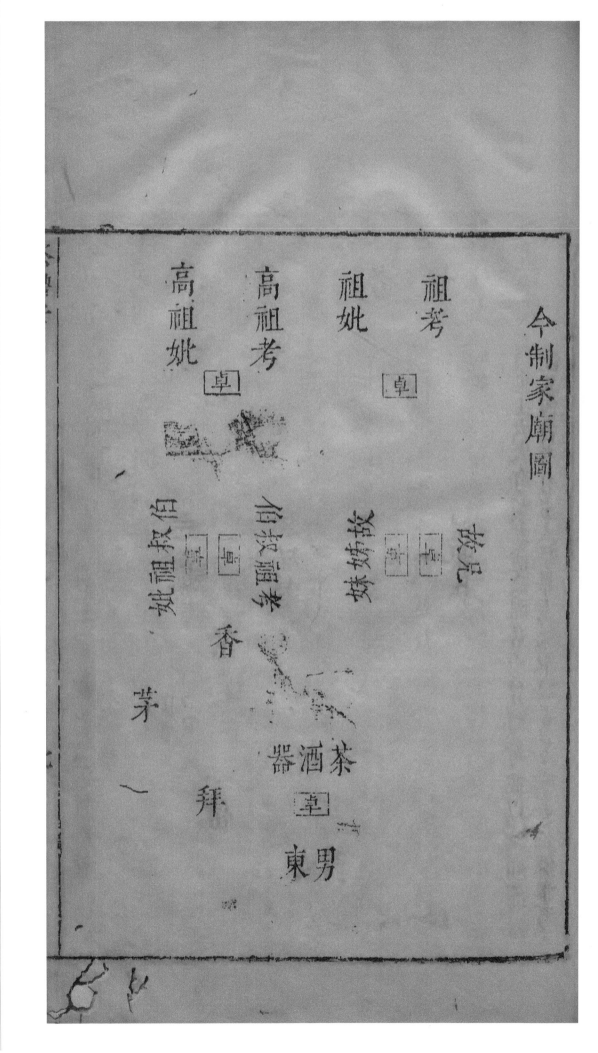

曾祖考

曾祖妣 卓

考

妣 卓

伯叔考 卓

伯叔母 卓

案

沙

位

故姪男 卓

故姪女 卓

祝板 卓

女西

近世士大夫有製五龕高祖居中曾祖考並以次列而虛其西龕者有主人祭畢主婦率婦女另獻者錄備參考

古者庶人無廟而祭於寢（寢者前堂也）宋時庶人祭三代而不及高祖程子言高祖有服不可不祭朱子謂程子此言疑得祭祀之本意故其祠堂之議亦斷自高祖以下然其取神道尚右之説高曾祖考自西而東以西爲上則不合乎先王左昭右穆之意焉古者廟皆南向而各有室神主在室則皆東向先王之祭宗廟有堂事焉有室事焉設始祖南面之位於堂上昭東穆西左右相向以次而南此堂事也設始祖東面之位於室中昭北穆南左右相向以次而東此室事

也堂事室事皆父昭在左子穆在右則古之神道尚
左者章章然矣自後漢明帝謙貶自抑不立寢廟藏
主於光烈皇后更衣別室章帝亦遵故事從世由是
遂有尚右之說唐宋以來皆爲同堂異室以西爲上
之制然古者室事始祖東向則左昭右穆以次而東
者不得不以西爲上後世南面之位既非東向之制
而其位次尚循乎以西爲上之轍則廢昭穆之禮矣
惟我　朝　太廟之制與先王堂事如合符節今爲
祠堂者當如朱子之說以祠堂後架隔截爲四龕面

本先王及
聖朝左昭右穆之意高祖居左曾祖居右祖居次左
考居次右位皆南向凡伯叔祖考妣當祭者祔高祖
龕側伯叔考妣當祭者祔曾祖龕側故兄弟姊妹當
祭者祔祖龕側故子姪當祭者祔考龕側其後高祖
旣遷則曾祖居高祖之位祖居曾祖之位考居祖之
位第五世新祔者居考之位若庶人無廟而祭於寢
亦當以席間爲四室而行事也或曰古者昭常爲昭
穆常爲穆今四主遞遷則二世穆進爲昭三世昭改

爲穆無乃戾古之制乎曰古者廟制左昭右穆自北而南二世之昭旣遷則四世之昭居之三世之穆旣遷則五世之穆居之今祠堂旣非古者三廟五廟之制則不可復用其昭常爲昭穆常爲穆之說雖百世千世但當以父爲昭而居左子爲穆而居右可也若欲泥古之制左各遷左右各遷右則一堂之內第二世五世爲子者旣皆爲昭而居左第二世四世爲父者反皆爲穆而居右豈宗廟之禮所以序昭穆之意耶於乎人而不知報本則豺獺不如使祭而夫昭穆

之序則與弗祭等耳茲因諸生有問故參訂先儒之
說以解其惑且以求正於四方有道之君子云

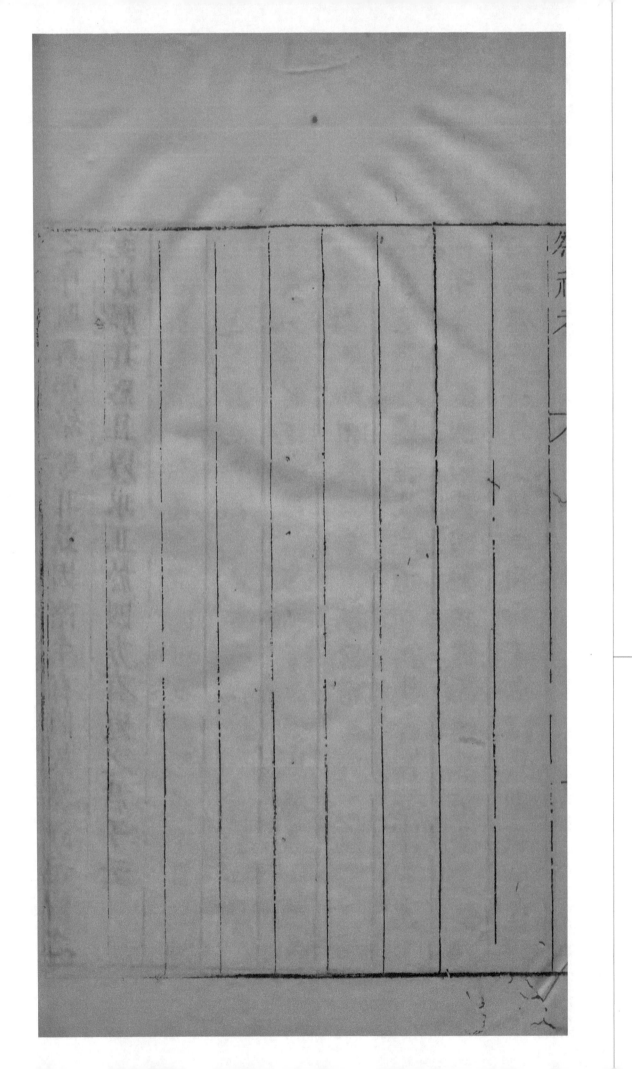

家禮祠堂事目

一四時之祭用四仲月上旬官曆所載宜祭祀日元旦冬至爲京官者先期一日行禮其餘本日行禮每月時鮮之物以薦祠堂

一齋戒男女沐浴更衣各致齋三日飲酒不至亂不食肉不茹葷不弔喪不聽樂

一陳器設香案於堂中香案前聚沙於地束茅其上降神時酹酒茅上酒當傾盡其逐位前亦設茅沙臨獻之時主人少滴酒於茅上以代神祭先代之

爲飲食者祔位不設茅沙東階置卓設酒器茶器

西階置卓設祝板

一設位地寬者各用一椅一卓而並合之地狹者則

用一櫈一卓考妣二位共之

一祭之日請神主出就正寢庶民未造神主者用紙

書寫祭畢焚之

一祭品用牲無牲則用庶饈當如司馬温公用時蔬

時果各五品麪糕羹飯共不過十五器家貧隨家

所有數器亦可

一參神行再拜禮參神畢行降神禮主人於香案前
灌酒茅上行再拜禮復位
一三獻初獻主人每位前斟熱酒進奠於卓上主人
復取盞跪少滴於茅上以代神祭畢以盞仍置奠
卓上四龕皆畢讀祝者跪讀主人之左無其人則
主人自讀畢主人再拜使子弟分獻各祔位亞獻
終獻畢辭神行再拜禮焚祝文
一祝文維年月日孝玄孫某敢昭告于高祖考某官
府君無官者稱處士高祖妣某封某氏曾祖考某官府君

曾祖妣某封某氏祖考某官府君祖妣某封某氏

考某官府君妣某封某氏以上皆平頭曰氣序流易時

維仲春或夏秋冬追感歲時不勝永慕敬以清酌庶饈

有牲者則曰剛鬣柔毛粢盛醴齊祗薦歲事以某親某等祔食無則不言祔尚饗

祭始祖祝文年月日辰孝玄孫某敢昭告于始祖考

始祖妣今以仲冬陽至之始追惟報本禮不敢忘

謹以潔牲醴齊粢盛庶品祗薦歲事

祭先祖文改仲冬陽至之始爲立春生物之始餘並同

祭禰祝文年月日辰孝子某敢昭告于考妣某官封

曰今以季秋成物之始感時追慕昊天罔極謹以
潔牲醴齊祗薦歳事
忌日祝文歳序遷易諱日復臨追感歳時昊天罔極
謹以牲醴用伸奠獻
墓祭祝文歳序流易雨露旣濡瞻掃封塋不勝感慕
謹以牲醴祗獻
授官祝文
年月朔日孝孫某敢昭告于顯高祖考及妣某氏某
以某月某日蒙恩授某官奉承先訓獲霑祿位餘

慶所及不勝感慕謹以清酌庶羞用伸虔告

追贈祝文

年月朔日 同前 奉某年月日制書贈故某親某官故某親某氏某[illegible]某奉承先訓竊位于朝祗奉恩慶有此褒贈祿不及養推咽難勝謹以後同先跪讀祝文後立宣誥命

生子

主人生嫡長子則滿月而見但不用祝主人詣香卓前告曰某之婦某氏以某月某日生子名某敢見

主婦抱子進立於兩階之間再拜退

出入謁告

温公云每旦子孫唱喏出外歸亦然再宿以上歸則

再拜經旬四拜將遠適則焚香以其事告再拜

朔望

朔望日不設酒不出主主人點茶長子佐之畢主人

焚香再拜退

節祀如重午中元重陽之類

俗節則獻以時食如重午角黍凡鄉俗所尚者薦以

大盤間以蔬果只就祠堂每位用脯醢二味酒止

一上斟一盃以上俱家禮集說

祭器

祝板一　闌干漆香案大小各一　龍泉太乙爐一

判官耳古銅爐一　黑犀毗香合二　鑲嵌瓶匙筯一副

象箸瓶一副　漆帛箱五　漆燭架二

茅沙磁盆六　毛血盆二　白磁牲盆四

茶壺二　磁茶甌二十　茶匙二十

玄酒尊一　白磁酒壺四　白磁爵三十八

磁盆一十　磁碗碟一百　漆楪一百八十

烏木筯六十對　漆桶盤六十　歌童二

懸鼓一　石磬一　神卓十二張

神椅十二把　火爐一　銅盆一

盥盆帨架二副　諸藏祠中不得假借

祭品

白米三斗　雞四隻作醢五分　鵞一隻作醢五分

鮮魚七尾五全用餘作醢五分　猪肝一副作五分　方肉五斤作五分

菹菜三色作二十五分　時果五色每色五分作二十五分

豚一隻一百斤　羊一隻三十斤　大燭貳枝
小燭二十枝　束香一斤　紗帛四疋
清酒一尊　每神主食卓一菓肴共二十器
羮一　粉一　飯一
茶一如事生禮

祠堂詩章

穆穆我祖　鞠我後人　覗我後人　支由體分　我子若孫
我弟若昆　念爾所生　勿替爾祖之心
凡人之生均由父母我爲父母乃有孫祖何今之人

自有兄弟無念爾所生而利之爭肉骨戈兵
妻子好合如鼓瑟琴兄弟聚鬩如商如參兄弟商參
不念爾父母矧念爾祖穆穆我祖念我孫子同屬
于毛同離于裏
兄弟離矣妻子肥矣我之孫子亦我儀矣故謝我子
善我師之昆弟利爭勿我似矣
穆穆我祖有儼其臨我弟及兄而子及孫皇皇駿奔
式念祖心匪也潔牲庶也臨歆

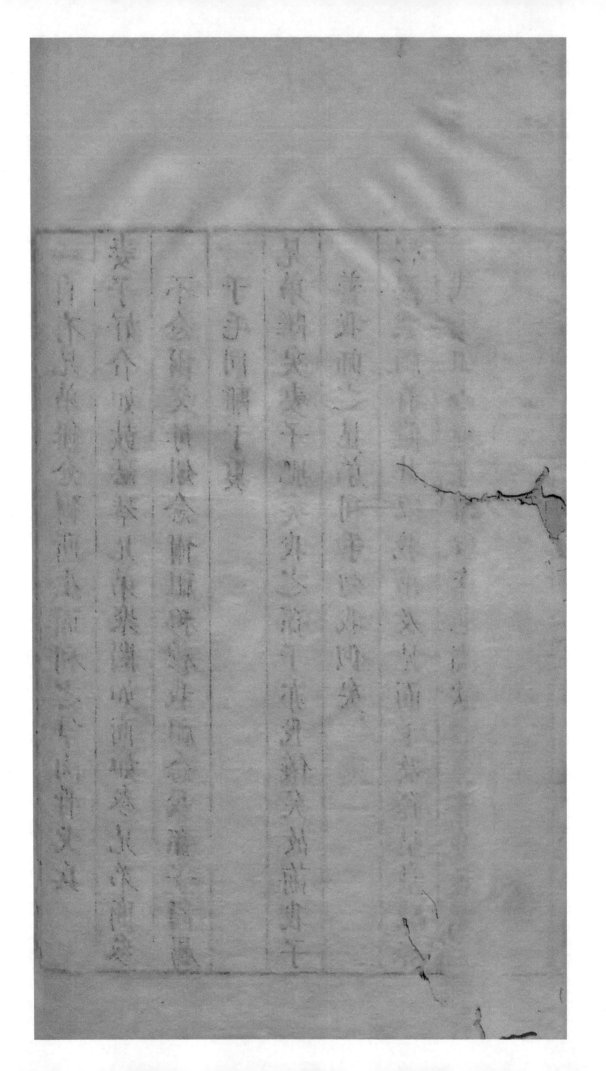

涑水家儀

宋　司馬光

凡爲家長必謹守禮法以御羣子弟及家衆分之以職授之以事而責其成功制財用之節量入以爲出稱家之有無以給上下之衣食及吉凶之費皆有品節而莫不均一裁省冗費禁止奢華常須稍存贏餘以備不虞

凡諸卑幼事無大小毋得專行必咨禀于家長

凡爲子爲婦者毋得蓄私財俸祿及田宅所入盡歸

之父母舅姑當用則請而用之不敢私假不敢私與

凡子事父母婦事舅姑天欲明咸起盥漱櫛總具冠帶昧爽適父母舅姑之所省問父母舅姑起子供藥物婦具晨羞供具畢姑退各從其事將食婦請所欲于家長退具而供之尊長舉筯子婦乃各退就食丈夫婦人各設食於他所依長幼而坐其飲食必均一幼子又食于他所亦依長幼席地而坐男坐于左女坐于右及夕食亦如之既夜父母舅姑將寢則安置而退居閒無事則侍于父母舅姑之所容貌必恭執

事必謹言語應對必下氣怡聲出入起居必謹扶衛之不敢涕唾喧呼於父母舅姑之側父母舅姑不命之坐不敢坐不命之退不敢退

凡子受父母之命必籍記而佩之時省而速行之事畢則返命焉或所命有不可行者則和色柔聲具是非利害而白之待父母之許然後改之若不許苟于事無大害者必當曲從若以父母之命爲非而直行巳志雖所執皆是猶爲不順之子况未必是乎

凡父母有過下氣怡色柔聲以諫諫若不入起敬起

孝悦則復諫不悦與其得罪于鄉黨州閭寧熟諫父
母怒不悦撻之流血不敢疾怨起敬起孝
凡爲人子弟者不敢以富貴加于父兄宗族
凡爲人子者出必告反必面有賓客不敢坐于正廳
升降不敢由東階上下馬不敢當廳凡事不敢自擬
於其父
凡父母舅姑有疾子婦無故不離側親調嘗藥餌而
供之父母有疾子色不滿容不戲笑不宴遊舍置餘
事專以迎醫檢方合藥爲務疾已復初

凡子事父母父母所愛亦當愛之所敬亦當敬之至于犬馬盡然而況于人乎

凡子事父母樂其心不違其志樂其耳目安其寢處以其飲食忠養之幼事長賤事貴皆倣此

凡子婦未敬未孝不可遽有憎疾姑教之若不可教然後怒之若不可怒然後笞之屢笞而終不改子放婦出然亦不明言其犯禮也子甚宜其妻父母不悅出子不宜其妻父母曰是善事我子行夫婦之禮焉終身不衰

凡爲宮室必辨内外深宮固門内外不共井不共浴堂不共厠男治外事女治内事男子晝無故不處私室婦人無故不窺中門男子夜行以燭婦人有故出出必擁蔽其面男僕非有繕修及有大故不入中門入中門婦人必避之不可避亦必以袖遮其面女僕無故不出中門有故出中門亦必擁蔽其面鈴下蒼頭但主通内外之物毋得輒升堂室入庖厨

凡卑幼于尊長晨亦省問夜亦安置坐而尊長過之則起出遇尊長于途則下馬不見尊長經再宿以上

則再拜五宿以上則四拜賀冬至正旦六拜朔望四拜凡拜數或尊長臨時減而止之則從尊長之命吾家同居宗族衆多冬至朔望聚于堂上丈夫處左西上婦人處右東上皆北向共爲一列各以長幼爲序共拜家長畢長兄立于門之左長姊立于門之右皆南向諸弟妹以次拜訖各就列丈夫西上婦人東上共受卑幼拜受拜訖先退後輩立受拜于門東西如前輩之儀若卑幼自遠方至見尊長遇尊長三人以上同處者先共再拜叙寒暄問起居訖又日再拜而

止

凡受女婿及外甥拜立而扶之外孫則立而受之可

也

凡節序及非時家宴上壽於家長卑幼盛服序立如

朔望之儀先再拜子弟之最長者一人進立於家長

之前幼者一人搢笏執酒盞立於其左一人搢笏執

酒注于其右長者搢笏跪斟酒祝曰伏願某官備膺

五福保族宜家尊長飲畢授幼者盞注反其故處長

者出笏俛伏興退與卑幼皆再拜家長命諸卑幼坐

皆再拜而坐家長命侍者徧酢諸卑幼諸卑幼皆起
序立如前俱再拜就坐飲訖家長命易服皆退易便
服還復就坐
凡子始生若爲之求乳母必擇良惠婦人稍温謹者
子能食飼之教以右手子能言教之自名及唱喏萬
福安置稍有知則教之以恭敬尊長有不識尊卑長
幼者則嚴訶禁之六歲教之數與方名男子始習書
字女子始習女工之小者七歲男女不同席不共食
始誦孝經論語雖女子亦立誦之自七歲以下謂之

孺子早寢晏起食無時八歲出入門戶及即席飲食必後長者始教之以謙讓男子誦尚書女子不出中門九歲男子誦春秋及諸史始爲之講解使曉義理女子亦爲之講解論語孝經及列女傳女戒之類略曉大意十歲男子出就外傅居宿于外讀詩禮傳爲之講解使知仁義禮智信自是以往可以讀孟荀楊子博觀羣書凡所讀書必擇其精要者而讀之其異端非聖賢之書傳宜禁之勿使妄觀以惑亂其志觀書皆通始可學文辭女子則教以婉娩聽從及女工

之大者未冠笄者質明而起總角靧面以見尊長爲供養祭祀則左執酒食若既冠笄則皆責以成人之禮不得復言童幼矣

凡内外僕妾鷄初鳴咸起櫛總盥漱衣服男僕灑掃聽事及庭鈴下蒼頭灑掃中庭女僕灑掃堂室設椅桌陳盥漱櫛靧之具主父主母既起則拂床襞衾侍立左右以備使令退而具飲食得閒則浣濯紉縫先公後私及夜則復拂床展衾當晝内外僕妾惟主人之命各從其事以供百役

凡女僕同輩謂長者爲姊後輩謂前輩爲姨務相雍睦其有鬭爭者主父主母聞之即訶禁之不止即杖之理曲者杖多一止一不止獨杖不止者

凡男僕有忠信可任者重其祿能幹家事次之其專務欺詐背公狥私屢爲盜竊弄權犯上者逐之

凡女僕年滿不願留者縱之勤舊少過者資而嫁之其兩面二舌飾虛造讒離閒骨肉者逐之屢爲盜竊者逐之放蕩不謹者逐之有離叛之志者逐之

鄭氏家範

金華鄭氏

内外屋宇大小修造工役家長常加點撿委人用工毋致損壞

親賓會聚若至十人不許于夜中設宴時有小酌亦不許至一更畫則不拘

子弟未冠者學業未成不聽食肉古有是法非惟有資于勤苦抑欲其識虀鹽之味

子弟小冠者不許以字行不許以第稱庶幾合于古

人責成之意

子弟年十六以上許行冠禮須能暗記四書及一經正文講說大義方可行之否則直至二十一歲弟若先能則先冠以愧之

子弟已冠而習學者每月十日一輪挑背已記之書初次不通去巾一日再次不通則倍之三次不通則分紒如未冠時通則復之

子孫有妻子者不得更置側室以亂上下之分違者責之若年四十無子者許置一人不得與公堂坐

女適人者若有外孫彌月之禮惟首生者與之餘並
不許但令人以食味慰問之
橋圯路淖子孫倘有餘資尚助修治以便行客或遇
隆暑又當于通衢設湯茗一二處以濟渴者自六月
朔起至八月朔止
子孫須恂恂孝友見兄長坐必起行必以序應對必
以名毋以爾我諸婦並同
子姪年非六十者不許與伯叔連坐違者家長罰之
會饍不拘

卑幼不得抵抗尊長其有出言不遜制行悖戾者姑誨之誨之不悛者則重箠之

子孫受長上訶責不論是非但當俯首默受毋得分理

子孫固當竭力以奉尊長爲尊長者亦不可挾此自尊攘拳奮袂忿言穢語使人無所容身甚非教養之道若其有過當反覆諭戒之甚不得已會衆箠之以示恥辱

子孫飲食幼者必後于長者言語亦必有倫應對賓

客不得雜以俚俗方言

子孫不得謔浪敗度免巾徒跣凡諸舉動不宜掉臂跳足以蹈輕儇見賓客亦當肅行祗揖不可參差錯亂

子孫不得目視非禮之書其涉謔浪淫褻之語者見即焚毀之妖幻符呪之屬並同

子孫毋習吏胥毋爲僧道毋狎屠豎以壞亂心術當時時以仁義二字銘心鏤骨庶或有成

廣儲書籍以惠子孫不許假人以致散逸仍識卷首

云某氏書籍子孫是教鬻及借人茲爲不孝

子孫自八歲入小學十二歲出就外傅十六歲入大學聘致明師訓飭必以孝弟忠信爲主期至于道若年至二十一歲其業無所就者令習治家理財向學有進者不拘

子孫年十二于正月朔出就外傅見燈火不許入中門入者箠之

子孫爲學須以孝義切切爲務若一向偏滯詞章深所不取此實守家第一事不可不慎

子孫年未二十五者除綿衣用絹帛外餘皆用布除寒凍用蠟屐外其餘遇雨皆以蔴屐從事三十里内並須徒走如到姻親家者不拘

子孫年未三十者酒不許入唇壯者雖許少飲亦不宜沉酗杯酌喧哄鼓舞不顧尊長違者責之若奉延賓客惟務誠慤不必強人以酒

子孫當以和待鄉曲我寧容人毋使人容我切不可先操忽人之心若累相凌逼進進不已者當以理直之

子孫處事接物當務誠朴不可置纖巧之物務以悅
人以長華麗之習
子孫毋得與人眩奇鬭勝兩不相下彼以其奢我以
吾儉吾何害乎
俗樂之設誨淫長奢切不可令子孫及臧獲輩習肄
之違者家長箠之
子孫不得畜養飛鷹獵犬專事佚遊亦不得恣情取
饜以敗家事違者以不孝論
子孫不得私造飲饌以徇口腹之欲違者姑誨之誨

之不悛即責之産者病者不拘
凡遇生朝父母舅姑存者酒果三行亡者則致恭祠
堂終日追慕
壽辰既不設延所有襪履亦不可受徒蠹女工無益
于事
家中燕享男女不得互相勸酬庶幾有別若家長舅
姑宜饋食者非此
家衆有疾當痛念之延良醫爲之救療
諸婦必須安詳恭敬奉舅姑以孝事丈夫以禮待娣

娰以和然無故不出中門夜行以燭無燭則止如其
淫狎即宜屏放若有妬忌長舌者姑誨之誨之不悛
則責之責之不悛則出之
諸婦媟言無恥及干預閫外事者當罰拜以愧之
初來之婦一月之外許用便服
諸婦工作當聚一處機杼紡績各盡所長非但别其
勤惰且革其私
主母之尊欲使家衆悅服不可使側室爲之以亂尊
卑

每歲畜蠶主母分給蠶種與諸婦使之在房畜飼待
成熟時却就蠶屋上箔須令子弟直宿以防風燭所
得之蠶繭當聚一處抽繅更須先抄寫各房所蓄多
寡之數照什一之法賞之
諸婦每歲公堂于九月俵散木綿使成布疋限以次
年八月交收通買錢物以給一歲衣資之用公堂不
許侵使或有故意製造不佳及不登數者則準給本
房甚者住其衣資不給有能依期登數者照什一之
法賞之其事並係羞服長主之

諸婦育子苟無大故必親乳之不可置乳母以饑人之子

諸婦之于母家二親存者禮得歸寧無者不許其有慶吊勢不可已者則弗拘此

諸婦親姻頗多除本房至親與相見外餘並不許可見者亦須子弟引導方入中門見燈不許入會衆罰其夫主母不拘婦人親族有爲僧道者不許往來

朔望後一日令諸生聚揖之時直說古列女傳使諸婦聽之

女子年及八歲者不許隨母到外家餘雖至親之家亦不許往違者重罰其母

男女不共圊溷不共湢浴以謹其嫌春冬則十日一浴夏秋不拘

男女不親受授禮之常也諸婦不得刀鑷工剃面

訓學齋規

宋　朱熹

夫童蒙之學始于衣服冠履次及語言步趨次及灑掃涓潔次及讀書寫文字及有雜細事宜皆所當知今逐目條列名曰童蒙須知若其修身治心事親接物與夫窮理盡性之要自有聖賢典訓昭然可考當次第曉達茲不復詳著云

衣服冠履第一

大抵爲人先要身體端正自冠巾衣服鞋襪皆須收

拾愛護常令潔淨整齊我先人常訓子弟云男子有三緊謂頭緊腰緊脚緊頭謂頭巾未冠者總髻腰謂以絛或帶束腰脚謂鞋襪此三者要緊束不可寬慢寬慢則身體放肆不端嚴爲人所輕賤矣

凡着衣服必先提整襟領結兩衽紐帶不可令有闕落飲食照管勿令汚壞行路看顧勿令泥漬

凡脫衣服必齊整摺叠箱笥中勿散亂頓放則不爲塵埃雜穢所汚仍易于尋取不致散失着衣既久則不免垢膩須要勤勤洗澣破綻則補綴之儘補綴無

害只用完潔
凡盥面必以巾帨遮護衣領捲束兩袖勿令有所濕
凡就勞役必去上籠衣服只着短便愛護勿使損汚
凡日中所着衣服夜臥必更則不藏蚤蝨不即敝壞
苟能如此則不但威儀可法又可不費衣服晏子一
狐裘三十年雖意在以儉化俗亦其愛惜有道也此
最飭身之要毋忽

語言步趨第二

凡爲人子弟須要常低聲下氣語言詳緩不可高言

喧鬨浮言戲笑父兄長上有所教督但當低首聽受
不可妄自議論長上檢責或有過誤不可便自分解
姑且隱嘿久却徐徐細意條陳云此事恐是如此向
者當是偶爾遺忘或曰當是偶爾思省未至若爾則
無傷忤事理自明至于朋友分上亦當如此
凡聞人所爲不善下至婢僕違過宜且包藏不應便
爾聲言當相告語使其知改
凡行步趨蹌須是端正不可疾走跳躑若父母長上
有所喚召却當疾走而前不可舒緩

灑掃涓潔第三

凡為人子弟當灑掃居處之地拂拭几案常令潔淨文字筆硯凡百器用皆當嚴肅整齊頓放有常處取用既畢復置原所父兄長上坐起處文字紙劄之屬或有散亂當加意整齊不可輒自取用凡借人文字皆置簿抄錄諸名及時取還窗壁几案文字間不可書字前輩云壞筆污墨瘝子弟職書几書研自黥其面此為最不雅潔切宜深戒

讀書寫文字第四

凡讀書須整頓几案令潔淨端正將書冊整齊頓放正身體對書冊詳緩看字子細分明讀之須要讀得字字響亮不可誤一字不可少一字不可多一字不可倒一字不可牽強暗記只是要多誦遍數自然上口久遠不忘古人云讀書千遍其義自見謂讀得熟則不待解說自曉其義也余嘗謂讀書有三到謂心到眼到口到心不在此則眼不看子細心眼既不專一却只漫浪誦讀决不能記記不能久也三到之中心到最急心既到矣眼口豈不到乎

凡書冊須要愛護不可損污縐摺濟陽江祿讀書未竟雖有急速必待掩束整齊然後起此最爲可法

凡寫文字須高執墨錠端正研磨勿使墨汁污手高執筆雙鈎端楷書字不得令手揩着毫

凡寫字未問寫得工拙如何且要一筆一畫嚴正分明不可老草

凡寫文字須要子細看本不可差誤

雜細事宜第五

凡子弟須要早起晏眠凡喧鬨鬭爭之處不可近無

無益之事不可爲謂如賭博籠養打毬踢毬放風禽等事

凡飲食有則食之無則不可思索但粥飯充饑不可缺凡向火勿迫近火傍不惟舉止不佳且防焚爇衣服凡相揖必折腰凡對父母長上朋友必稱名凡稱呼長上不可以字必云某丈如弟行者則云某姓某丈凡出外及歸必于長上前作揖雖暫出亦然凡飲食于長上之前必輕嚼緩嚥不可聞飲食之聲凡飲食之物勿爭較多少美惡凡侍長者之側必正言拱手有所問則當誠實對言不可妄凡開門揭簾須徐

徐輕手不可令震驚響凡衆坐必斂身勿廣占坐席
凡侍長上出行必居路之右住必居左凡飲酒不可
令至醉凡如厠必去上衣下必浣手凡夜行必以燈
燭無燭則止凡待婢僕必端嚴勿得與之嬉笑執器
皿必端嚴惟恐有失凡危險不可近凡道路遇長者
必正立拱手疾趨而揖凡夜臥必用枕勿以寢衣覆
首凡飲食舉匙必置筯舉筯必置匙食已則置匙筯
于案

雜細事宜品目甚多姑舉其畧然大槩具矣凡此

五篇若能遵守不違自不失爲謹愿之士必又能
讀聖賢之書恢大此心進德修業入于大賢君子
之域無不可者汝曹宜勉之

顏氏家訓

北齊顏之推

自古明王聖帝猶須勤學況凡庶乎此事遍於經史吾亦不能鄭重聊舉近世切要以終寤汝耳士大夫子弟數歲已上莫不被教多者或至禮傳少者不失經論及至冠婚體性稍定因此天機倍須訓誘有志尚者遂能磨礪以就素業無履立者自兹墮慢便爲凡人人生在世會當有業農民則計量耕稼商賈則討論貨賄工巧則致精器用伎藝則深思法術武夫

則慣習弓馬文士則講議經書多見士大夫恥涉農商羞務工伎射既不能穿札筆則纔記姓名飽食醉酒忽忽無事以此銷日以此終年或因家世餘緒得一階半級便謂爲足安能自苦及有吉凶大事議論得失蒙然張口如坐雲霧公私宴集談古賦詩塞默低頭欠伸而已有識傍觀代其入地何惜數年勤學長受一生愧辱哉梁朝全盛之時貴遊子弟多無學術至於諺云上車不落則著作體中何如則秘書無不熏衣剃面傅粉施朱駕長簷車跟高齒屐坐棊子

方褥憑斑絲隱囊列器玩於左右從容出入望若神
仙明經求第則顧人答策三九公讌則假手賦詩當
爾之時亦快士也及離亂之後朝市遷革銓衡選舉
非復曩者之親當路秉權不見昔時之黨求諸身而
無所得施之世而無所用被褐而喪珠失皮而露質
兀若枯木泊若窮流孤獨戎馬之間轉死溝壑之際
當爾之時誠駑材也有學藝者觸地而安自荒亂已
來諸見俘虜雖百世小人知讀論語孝經者尚為人
師雖千載冠冕不曉書記者莫不耕田養馬以此觀

之安可不自勉耶若能常保數百卷書千載終不爲
小人也夫明六經之指涉百家之書縱不能增益德
行敦厲風俗猶爲一藝得以自資父兄不可常依鄉
國不可常保一旦流離無人庇廕當自求諸身耳諺
曰積財千萬不如薄伎在身伎之易習而可貴者無
過讀書也世人不問愚智皆欲識人之多見事之廣
而不肯讀書是猶求飽而懶營饌欲暖而惰裁衣也
夫讀書之人自羲農已來宇宙之下凡識幾人凡見
幾事生民之成敗好惡固不足論天地所不能藏鬼

神所不能隱也有客難主人曰吾見握弩長戟誅罪
安民以取公侯者有矣文義習吏匡時富國以取卿
相者有矣學備古今才兼文武身無祿位妻子饑寒
者不可勝數安足貴學乎主人對曰夫命之窮達猶
金玉木石也脩以學藝猶磨瑩雕刻也金玉之磨瑩
肖美其鑛璞木石之段塊自醜其雕刻安可言木石
之雕刻乃勝金玉之鑛璞哉不得以有學之貧賤比
於無學之富貴也且負甲爲兵咋筆爲吏身死名滅
者如牛毛角立傑出者如芝草握素披黃吟道詠德

苦辛無益者如日蝕逸樂名利者幾秋荼豈得同年而語矣且又聞之生而知之者上學而知之者次所以學者欲其多智明達耳必有天才拔群出類為將則闇與孫武吳起同術執政則懸得管仲子產之教雖未讀書吾亦謂之學矣今子即不能然不師古之蹤跡猶蒙被而臥耳人見鄰里親戚有佳快者使子弟慕而學之不知使學古人何其蔽也哉世人但知跨馬被甲長矟強弓便云我能為將不知明乎天道辯乎地利比量逆順鑒達興亡之妙也但知承上接

下積財聚穀便云我能爲相不知敬鬼事神移風易俗調節陰陽薦舉賢聖之至也但知私財不入公事夙辦便云我能治民不知誠己刑物執轡如組反風滅火化鴟爲鳳之術也但知抱令守律早刑晚舍便云我能平獄不知同轅觀罪分劍追財假言而姦露不問而情得之察也爰及農商工賈廝役奴隸釣魚屠肉飯牛牧羊皆有先達可爲師表博學求之無不利於事也夫所以讀書學問本欲開心明目利於行耳未知養親者欲其觀古人之先意承顏怡聲下氣

不憚劬勞以致甘腝惕然慙懼起而行之也未知事
君者欲其觀古人之守職無侵見危受命不忘誠諫
以利社稷惻然自念思欲效之也素驕奢者欲其觀
古人之恭儉節用卑以自牧禮爲教本敬者身基瞿
然自失斂容抑志也素鄙悋者欲其觀古人之貴義
輕財少私寡慾忌盈惡滿賙窮卹匱赧然悔恥積而
能散也素暴悍者欲其觀古人之小心黜己齒弊舌
存含垢藏疾尊賢容衆苶然沮喪若不勝衣也素怯
懦者欲觀古人之達生委命強毅正直立言必信求

福不回勃然奮厲不可恐懾也歷茲以往百行皆然縱不能淳去泰去甚學之所知施無不達世人讀書者但能言之不能行之忠孝無聞仁義不足加以斷一條訟不必得其理宰千戶縣不必理其民問其造屋不必知楣橫而梲豎也問其爲田不必知稷早而黍遲也吟嘯談謔諷詠詞賦事既優閑材增迂誕軍國經綸畧無施用故爲武人俗吏所共嗤詆良由是乎夫學者所以求益爾見人讀數十卷書便自高大凌忽長者輕慢同列人疾之如仇敵惡之如鴟梟如

此以學自損不如無學也古之學者爲己以補不足也今之學者爲人但能說之也古之學者爲人行道以利世也今之學者爲己脩身以求進也夫學者猶種樹也春翫其華秋登其實講論文章春華也脩身利行秋實也人生小幼精神專利長成已後思慮散逸固須早教勿失機也吾七歲時誦靈光殿賦至於今日十年一理猶不遺忘二十之外所誦經書一月廢置便至荒蕪矣然人有坎壈失於盛年猶當晚學不可自棄孔子云五十以學易可以無大過矣魏武

袁遺老而彌篤此皆少學而至老不倦也曾子七十
乃學名聞天下荀卿五十始來遊學猶爲碩儒公孫
弘四十餘方讀春秋以此遂登丞相朱雲亦四十始
學易論語皇甫謐二十始授孝經論語皆終成大儒
此並早迷而晚寤也世人婚冠未學便稱遲暮因循
面墻亦爲愚爾幼而學者如日之光老而學者如秉
燭夜行猶賢乎瞑目而無見者也學之興廢隨世輕
重漢時賢俊皆以一經弘聖人之道上明天時下該
人事用此致卿相者多矣末俗已來不復爾空守章

句但誦師言施之世務殆無一可故士大夫子弟皆以博涉爲貴不肯專儒梁朝皇孫已下總丱之年必先入學觀其志尚出身已後便從文吏略無卒業者冠冕爲此者則有何胤劉瓛明山賓周捨朱异周弘正賀琛賀革蕭子政劉縚等兼通文史不徒講說也洛陽亦聞崔浩張偉劉芳鄴下又見邢子才四儒者雖好經術亦以才博擅名如此諸賢故爲上品以外率多田里閒人音辭鄙陋風操蚩拙相與專固無所堪能問一言輒酬數百責其指歸或無要會鄴下諺

云博士買驢書券三紙未有驢字使汝以此爲師令
人氣塞孔子曰學也祿在其中矣今勤無益之事恐
非業也夫聖人之書所以設教但明練經文粗通注
義常使言行有得亦足爲人何必仲尼居卽須兩紙
疏義燕寢講堂亦復何在以此得勝寧有益乎光陰
可惜譬諸逝水當博覽機要以濟功業必能兼美吾
無間焉俗間儒士不涉羣書經緯之外義疏而已吾
初入鄴與博陵崔文彥交遊嘗說王粲集中難鄭玄
尚書事崔轉爲諸儒道之始將發口懸見排蹙云文

集止有詩賦銘誄豈當論經書事乎且先儒之中未聞有王粲也崔笑而退竟不以粲集示之魏收之在議曹與諸博士議宗廟事引據漢書博士笑曰未聞漢書得證經術魏便忿怒多不復言取韋玄成傳擲之而起博士一夜共披尋之達明乃來謝曰不謂玄成如此學也

蘇氏家語

晉江蘇士潛

祖孫

漢萬石君奮歸老于家子孫爲小吏來歸謁萬石君必朝服見之不名子孫有過失不譙讓爲便坐對案不食必子孫因長老肉袒固謝改之乃許卽勝冠者在側雖燕居必冠申申如也

漢疏廣歸鄉里日令家共具酒食請族人故舊與相娛樂居歲餘廣子孫竊謂其昆弟老人廣所信愛者

請立產業基址老人暇爲言廣曰吾豈老誖不念子
孫哉賢而多財則損其志愚而多財則益其過
漢楊震性廉子孫常蔬食步行或欲令開產業震曰
使後世稱爲淸白吏子孫以此遺之不亦厚乎靈帝
謂震孫奇曰卿强項眞楊震子孫
晉范喬字伯孫年五歲時祖馨撫喬首曰所恨不見
汝成人以所用硯與之祖殁父母告喬喬執硯涕泣
晉王羲之率諸子抱弱孫一味之甘割而分之以娛
目前

父

孔子家兒不知罵曾子家兒不知怒所以然者生而善教也

後漢鄧禹子十三人各使守一藝教養子孫爲後世法

世說曰陳太丘詣荀季和使元方將車季方持杖長文尚小坐著車中既至荀使叔慈應門慈明行酒餘六龍下食文若小坐膝前太史奏於時德星聚

魏王昶名其兄子曰默曰沉名其子曰渾曰深曰吾

使汝曹顧名思義不敢違越也

晉劉殷字長盛有子七人各受一經一門之内七業俱成

晉王平子與人書稱其兒風氣日上足散人懷澄之第四子徽别傳云徽邁上有父風

梁沈約指其子謂陸倕曰此吾愛子也少聰慧好讀書因以青箱名之

母

孟子少時其舍近墓嬉戲爲墓間事孟母曰此非所

以居子也乃去舍市其嬉戲爲賈衒孟母曰此非所以居子也乃徙舍學宮之側其嬉戲乃設俎豆揖讓進退孟母曰此眞可以居子矣遂居之

漢雋不疑字曼卿爲京兆尹每行縣錄囚還母輒問有所平反活幾萬人不疑多所平反母喜笑飲食言語異於他時或無所出母怒爲之不食以故不疑爲吏嚴而不殘

晉陶侃母湛氏初陶貧賤湛氏紡績資給之使交勝已鄱陽孝廉范逵寓宿於侃時大雪湛氏乃撤所卧

新荐自剉給其馬又密截髮賣與憐人供餚饌遂聞
之歎曰非此母不生此子

唐天平節度使郗仲郢母韓氏相國休之曾孫家灋
嚴肅常令粉苦參黄連和熊膽爲丸以授諸子每夜
讀書使嚥之以資勤苦

繼母

漢翟方進辭其後母至京師受經母憐其幼隨之長
安織屨以給進

東漢郭丹後母爲鬻衣裝賣產業與之從師長安

嫡母

隋番州刺史陸讓母馮氏性仁愛有母儀讓即其孽子也坐贓當死將就刑馮氏蓬頭垢面詣朝堂數讓罪於是流涕嗚咽親持盃粥勸讓食既而上表求哀詞情甚切上愍然爲之改容於是集京城士庶於朱雀門遣舍人宣詔曰馮氏以嫡母之德足爲世範慈愛之道義感人神特宜矜免用奬風俗讓可減死除名復下詔褒美之賜物五百段集命婦與馮相識以旌寵異

事父

漢杜延年爲御史大夫居父官府不敢當舊位坐臥皆易其處父杜周也

漢管寧年十六喪父中表愍其孤貧咸共賵贈悉辭不受稱財送終

唐狄仁傑登泰行山親在河陽反顧白雲孤飛謂左右曰吾親舍其下瞻悵久之雲移乃得去同府參軍鄭崇質母老且病當使絕域仁傑謂曰君可遺親萬里憂乎乃止

京兆舊事曰杜陵蕭彪字伯文爲巴郡太守以父老
歸供養父有客常立屏風後自應使命
漢江革字次翁王莽之亂負母逃難以母老不欲動
揺自在轅中挽車轉客下邳行傭供母人稱江巨孝
東漢茅容字季偉年四十餘耕于野與等輩避雨樹
下衆皆夷踞容獨危坐愈恭郭林宗見而異之因請
寓宿容殺鷄爲饌林宗謂爲已設既而以供其母自
以菜蔬與客同飯林宗起拜之曰卿賢乎哉因勸就
學

漢蔡邕字伯喈性篤孝母滯病三年自非寒暑節變未嘗解襟帶不寢寐者七旬與從父從弟同居三世不分財鄉黨高其義

魏程堅字謀甫南陽人磨鏡養母母喪哀號櫪下有馬每聞堅哭輙淚出躄輟芻草

晉山濤遭母喪歸鄉里濤雖年老居喪過禮手植松栢

晉王修母以社日亡來年社日修哀感悲號鄰人爲之罷社

五代張遂清爲淄州刺史迎其母及郊親爲母執轡
行數十里州人以爲榮
梁徐孝克母患病欲粳米爲粥貧不能常辦母亡後
孝克遂終身啖麥有遺粳米者對之悲泣不忍食
南史張敷生而母亡數歲便有感慕之色十歲求母
遺物惟得一扇乃緘藏之每至感思開笥流涕
唐崔渾爲侍御史母有疾渾跪請病受已有頃覺病
從十指入俄而遍身母所苦遂愈

事繼母

閔損蚤喪母父娶後妻生二子母嫉損所生子衣綿絮衣損以蘆花絮父冬月令損御車體寒失靷父察知之欲遣後母損啟父曰母在一子寒母去三子單父善其言而止母亦感悟遂成慈母

後漢胡廣年八十心力克壯爲太傅繼母在堂朝夕省膳傍無几杖言不稱老母卒居喪盡禮三年

事嫡母

梁中軍田曹行參軍庾沙彌嫡母劉氏寢疾沙彌晨昏侍側衣不解帶或應針灸輒以身先試及母亡水

漿不入口累日

事庶母

北齊南汾州刺史劉豐八子俱非嫡妻所生每一子所生喪諸子皆爲制服三年武平中暐所生母喪諸弟竝請解官朝廷議而不許

事生母

宋司農少卿朱壽昌天長人字叔康父巽守京兆時妾劉有娠爲嫡母妬害出嫁民間生壽昌數歲乃還父家母子相别不相聞者五十年壽昌既仕行四方

求之不得與人言輒流涕凞寧初知廣州軍與家人訣棄官入秦誓不見母不還行次同州避雨旅舍見老婦冒雨抱薪而來投舍嘆曰吾見壽昌安知母如此之苦乎壽昌聞愕然延前問故乃知爲生母也年已七十餘矣壽昌遂同母所生弟妹皆歸爲買田宅居之居數年母卒壽昌哭泣幾喪明

伯叔愛侄

漢馬援字文淵兄子嚴敦並喜譏議援在交趾還書戒之曰吾欲汝曹聞人有過如聞父母之名耳可得

聞口不可得言好議論人短長妄是非正法此吾所
大惡也寧死不願聞子孫有此行也
漢第五倫字伯魚或問倫曰公有私乎對曰吾兄子
嘗疾一夜十往退而安寢吾子有疾雖不省視竟夕
不眠若是者豈可謂無私乎
漢蔡邕蚤喪二親年踰三十鬢髮二色叔父親之猶
若幼童車則對坐食則比豆
後漢淳于恭兄崇卒恭養孤幼教訓學問有不如法
反自捶以感悟之兒慚改過

後漢范遷爲司徒裁有一宅復推與兄子及薨子建
自田種置宅三畝時人美之
晉王羲之深爲從伯導所器嘗謂羲之曰汝是吾家
佳子弟當不減阮主簿
南齊王僧虔固辭開府謂兄子儉曰汝任重於朝行
登三事我若復有此授乃是一門有二台司吾實懼
焉累年不拜儉作長梁齋制小過度僧虔視之不悅
竟不入户儉即日毁之
呂僧珍字元瑜以販葱爲業及貴兄子求官於元瑜

曰汝等自有常業但當速歸恣肆耳不聽

賢叔母

晉謝瞻幼孤叔母撫育有恩同于所生

事伯叔父母

李孟元修易論語大義畧舉質性恭順與叔子就同居就有癈疾孟元推所有田園悉以讓就夫婦紡績以自供給

唐柳公綽有家法諸子仲郢皆束帶定省於中門之外公綽卒事公權如父每見未嘗不束帶為京兆尹

時過公權必下馬端笏立公權暮歸必束帶迎侍公權屢以爲言仲郢終不以官達少改

事伯母

晉羊祜年十五而孤事伯母蔡氏以孝聞

夫婦

春秋時晉臼季使過冀見冀缺耨其妻饁之敬相待如賓與之歸言諸文公以爲下軍大夫

漢鮑宣妻桓氏字少君宣嘗從少君父學父奇其清苦以女妻之裝送甚盛宣不悅曰少君生富驕習美

飾吾貧賤不敢當禮妻曰大人以先生修德守約以
賤妾侍巾櫛旣奉承君子惟命是從宣笑曰是吾志
也乃悉歸侍御服飾更着短布裳與宣共挽鹿車歸
鄉里拜舅姑畢提甕出汲修行婦道

漢梁鴻字伯鸞勢家慕其高節多欲女之鴻並絕不
娶同郡孟氏有女曰孟光壯肥而黑擇對不嫁至年
三十父母問其故曰欲得賢如梁伯鸞者鴻聞而聘
之女求作布衣麻屨織績之具後去吳依大家皐伯
通居廡下爲人賃舂每歸妻爲具食舉案齊眉伯通

察而異之曰彼傭能使其妻敬如此非凡人也

舅姑

范文正公之子純仁娶婦將歸或傳婦以羅爲帷幔者公聞之不悦曰羅綺豈幃幔之物耶吾家素清儉安得亂吾家法敢持至吾家當火於庭

胡安定公云嫁女必須勝吾家者娶婦必須不若我家者或問其故曰嫁女勝吾家則女之事人必欽必戒娶不若吾家則婦之事舅姑必執婦道

事舅姑

漢樂羊子從學七年不返妻嘗躬勤養姑嘗有他舍鷄謬入園中姑盜殺而食之妻對鷄不飡而泣姑恠問其故妻曰自傷居貧使食他肉姑竟棄之

漢班昭年七十餘卒所著賦頌銘誄問注哀辭書論上疏遺令凡十六篇子婦丁氏爲撰集之又作大家讃焉按昭子曹慤丁氏慤妻也

兄愛弟

漢姜肱字伯淮彭城廣戚人家世名族與弟仲海季江皆以孝行著與弟同被臥甚相親友及長相愛不

能相離

漢薛包好學敦行弟求分財異居包不能止乃中分其財奴婢取老弱者曰我與共事久矣田園取其荒者曰吾少時所理意所願也器物取其朽敗者曰吾素所服食身口所安也

漢蔡邕與從弟同居三世不分財

晉王徽之與弟獻之俱病篤有術人云人命應終而有生人樂代者則死者可生徽之曰吾才位不如弟請以餘年代之

隋田眞與弟廣弟慶偶因婦言欲議分居庭有三荆同本甚茂經宿忽萎黃眞大驚曰荆尚然況兄弟乎遂不分荆復舒茂

隋牛弘弟弼好酒而酗嘗因醉射殺弘駕車牛弘還宅夫人迎謂曰叔射殺牛弘聞之無所怪問直答曰作脯其妻又言叔射殺牛大是異事弘言已知顏色自若讀書不輟

弟愛兄

漢鄭均兄仲爲縣吏受遺均諫不聽遂脫身出歲餘

得數萬錢歸與兄曰錢盡可復得爲吏坐贓終身捐棄兄感悔遂爲清白吏

東漢魏霸字喬卿濟陰人爲鉅鹿太守妻子不到官舍念兄嫂在家勤苦而獨尊樂故常服麤糲不食魚肉婦親蠶桑子躬耕與兄弟子同苦樂鄉里慕其行化之

晉裴叔則營新宅甚麗當移住與兄共遊牀帳儼然軒檽踈朗兄心甚欲之而口不言叔則心知其意便推使兄住

愛前兄

漢楊厚字仲植母與前妻子博不相安厚年九歲思令和親乃托疾不言不食母知其旨懼然後改意恩養加篤

事嫂

漢馬援兄況卒行服期年敬事寡嫂不冠不入廬

漢第五訪字子謀少孤貧傭耕以養嫂

唐王珪奉寡嫂盡禮家事咨而後行教撫孤姪雖其子不過也

娣姒

晉汝南王湛旣婚郝氏而司徒渾婦鍾亦太傅曾孫娣姒雅相親重鍾不以貴凌郝郝亦不以賤下鍾

李光進弟光顔先娶而母委以家事及光進娶母已亡弟婦封貲貯納管鑰於姒光進命返之曰娣逮事姑且嘗命主家事不可改因相持泣乃如初

姊愛弟

漢曹壽妻大家班超之妹也超爲都護在絕域年老思入玉門關妹乃上書曰妾兄超延命沙漠三十餘

年骨肉生離不復相識上因徵超還

漢賈逵年五歲其姊聞隣家讀書每抱逵聽之逵年十歲乃暗誦六經姊曰吾未有教入門汝安得三墳五典讀之逵曰憶昔抱聽隣家讀書

晉壽張女子張雨蚤喪父母年五十不肯嫁留養孤弟二人教其學問各得通經皆爲聘娶成善士謝夷吾爲令荐于州府使各選舉表復雨門戶

事姊

子路有姊之喪可以除之矣而弗除也孔子曰何不

除也子路曰吾寡兄弟而弗忍也

晉庾倬爲河南兵曹有寡姊在家時洛中物價翔貴難致口腹庾常于公堂輟巳饌以餉其姊謬云所愛小男以餉之同官初甚鄙笑後知之感而嘉嘆

唐蘇頲事寡姊有禮世稱其德

唐英公李勣貴爲僕射其姊病必親爲燃火煑粥火焚其鬚姊曰僕射婢妾多矣爲何自苦如是勣曰豈爲無人耶顧今姊年多勣亦老雖欲久爲姊煑粥復可得乎

姑

北史崔巨倫有姊明慧有才行因患眇一目內外親族莫有求者其家議欲下嫁之巨倫姑趙國李叔胤之妻聞而悲感曰吾兄盛德不幸蚤世豈令此女屈事卑族乃爲子翼納之時人嘆其義識

女子

漢文帝時齊太倉令淳于意有罪當刑詔獄逮繫長安意嘆曰生女不生男緩急終非益其少女緹縈上書願沒入爲官婢以贖父刑罪使得自新天子憐愍

其意詔除肉刑

漢逸民戴良五女竝賢每有求姻輙便許嫁練裳布

被竹笥木屐以遣之五女竝能遵其訓

宗族

宋韓魏公琦合宗族百口衣食均等無異嫁孤女十

餘人養育諸姪比于已子所得恩例先及旁族逮其

終子有褐衣未命者追奉祖塋上及五世皆買田植

松櫝

宋范純仁官至宰相前後任子恩多先踈族其親族

有請教者純仁曰惟儉可以助廉惟恕可以成德

宋劉宰字子平號漫堂先生每月旦必治湯餅會族曰今日之集非以酒食爲禮也尋常宗族不睦多起于情意不相通閒言入焉今月必會飲有善相告有過相規有故相牴牾者彼此一見亦相忘於杯酒從容閒豈小補哉有不至者必再三招之曰寧適不來微我弗顧

外祖

隋皇甫績三歲而孤爲外祖韋孝寬所鞠養嘗與諸

外兄博奕孝寬督以嚴訓續命左右自杖孝寬聞而
對之流涕由是博涉經史

舅甥

秦康公之母晉文公之妹也康公爲太子時母卒送
文公於渭陽念母之不見也我見舅氏如母存焉

晉魏舒字元陽少孤爲外家甯氏所養甯氏起宅相
者曰當出貴甥舒曰當爲外家成此宅相

晉荀勗依舅氏十餘歲能屬文從外祖魏太傅鍾繇
曰此兒當及其曾祖

王悦造其舅范甯甯曰卿風流俊望後來之秀悦曰不有此舅焉有此甥

晉郗鑒永嘉末天下大亂甚窮餧鄉人以其名德共餉之鑒嘗携兄子邁及外甥周翼二小兒往食鄉人曰各自饑困以君之賢欲共濟君耳恐不能兼有所存鑒於是獨往食訖輒含飯着兩頰閒還吐以與二兒後並得存

唐姚崇外甥任奕任巽少孤養于崇家崇曰外甥非疏但别姓耳遣與兒姪連名

晉樂廣女婿衛玠時人語曰婦翁氷清女婿玉潤

翁婿

姨中表

晉陽城太守梁椰皇甫謐從姑之子也嘗之官人勸謐餞之謐曰椰爲布衣時過吾吾迭不出門食不過鹽菜貧者不以酒肉爲禮今作椰而迭之是貴陽城太守而賤梁椰豈中古人之道是非吾心所安也

唐狄仁傑爲相有盧氏堂姨止一子梁公嘗往候盧姨安否曰某今爲相表弟有何樂從願悉力以從其

意姨曰相自貴耳有一子不欲令其事女主公大慙

僕婢

漢劉寬字文饒吏人有過但蒲鞭示耻而已夫人欲試之趍朝服畢使婢奉肉羹飜汚朝衣上寬神色不異徐謂婢曰羹爛汝手耶

晉陶淵明爲彭澤令不以家累自隨遂一力給其子書曰汝旦夕之費自給爲難今遣此力助汝薪米之之費此亦人子也可善遇之

晉裴秀之母婢也秀年十八有令望而嫡母猶妬使

進饌于客見者皆起秀母曰當應爲小兒故也
宋張乖崖公詠知益州日單騎赴任官屬憚其嚴莫敢畜婢公不欲絕人情遂自買一婢以侍巾櫛自此官稍稍置姬屬公在任四年被召還闕呼婢父母出資以嫁仍處女也

生日會約

虎林高兆麟

今人於誕日延集賓朋呼優稱觴不論家之有無一以侈盛爲貴曾記往昔以年高分尊方做生日今則二十三十雖在卑幼亦做矣往昔凡週齊頭必至七十八十以及五六十方做今則年年而做之矣人之肯做生日如此所以重吾生也夫必有身而後有生重吾生者所以重吾身也抑思此身何自而來乎非祖宗所遺乎然而祖宗往矣而祖宗之心念注在子

孫凡我昆弟伯叔以至宗族孰非祖宗之遺孰非祖宗心念所注能以重吾生重吾身之心一仰思於祖宗併體祖宗心念所注以推及昆弟叔伯宗族方爲眞重吾身方爲不虛此生雖年年做生日不礙矣今以此意定爲生日會是會也不論尊卑長幼凡遇生日派分有三上者五分次三分再次二分在尊長則呼卑幼而飲之在卑幼則奉尊長而祝之器簿一扇輪一直會一月一轉如此則常常相聚意氣聯屬或不聞祖德者則問之尊長或不諳世故者一型于大

方仁義之訓日閑禮法之防自謹且有學問商量有緩急倚賴面熟而心自齊情真而氣自洽必不至踰越規矩敗壞倫常以自安於浮薄甘爲名教中之罪人矣夫人而爲名教之罪人身將不保非自棄其身乃棄吾祖宗所遺之身於生日何有焉必如此重身敬祖敦宗族厚風教數善兼備則亦何憚而不爲耶願自吾門始之孟子論鄉井而曰出入相友守望相助鄉且如此況於族乎況爲身以敦族乎我知人必樂之矣又如每房生子是添丁之喜亦吾祖宗必愈

所注血食所關如例舉焉未爲不可
昔人有眞率會當時會僚友且然而況宗族夫眞
率宜莫眞率於宗族矣只宜照分設餚務期可口
飽腹爲止若侈張便不得名眞率規例十二則附
後

凡例十二則

一是會專在敦倫非取飲酒宴樂務期人人畢集俗例常有寧可人不到而分要到是重分不重人今此專在聚人縱分可以不到人不可以不到分不到罰五分人不到罰壹錢

一是會務期久遠此舉雖創自麟意會倡先世有行之者矣柰何中葉而廢以前律後不令人視今猶昔之感耶唯是行止全係乎人所謂人存而政自舉凡我前輩後進錚錚不乏豈甘自棄以致中墜諄切諄

切
一是會專尚儉朴或遵五簋或取三養不然先設麵
數盃再佐小碟供飲務期便於舉行安於人情爲止
再不然人多分少總待一月之中或二人合舉即一
月之中若無同壽者亦不妨再俟以三人爲率總是
權宜經久之計
一是會謹循禮法凡遇尊長生日子姪斷宜竭誠登
堂稱祝如不到者罰五錢
一是會分禮有節凡遇散壽則照數捐分若正壽則

於常分之外加一倍焉
一是會規矩一定凡遇壽期先五月發單斂分而值
會之法一月輪一人司之庶無紊亂遺悞之弊其有
宜發單而不發單者罰貳錢
一是會務遵謙讓宗族讌會不比尋常聚飲觥籌交
錯之間更宜寓以禮讓相先之意不得泛習虛浮偶
因盃酒而盛氣相加如蹈此轍者罰叁錢
一是會登記宜詳每年置簿一扇登記聚會併人數
分數以驗會中增盛之美如簿到不登記者罰壹錢

併簿遺失者罰壹兩
一是會立法甚嚴凡一切罰銀俱於次日值會者徵
出貯於五房當鋪之中以俟公舉之費如徵不出者
合族坐徵無致中阻以期遵守或曰以卑幼而罰尊
長似爲未便不知尊長以禮自持必不致罰即或偶
有之値會者須稟過族長遵族長之命徃徵是情理
之甚當而事之極可行者
一是會成人入會凡某位生幾子某人幾歲俱開載
簿上以便查其至十六歲即歛分入會定爲永例不

致遺漏躲避

一是會添丁宜慶遇某房添丁值會者即登記生年月日於簿以兆生生不已之慶隨發單斂分舉賀如例

一是會交接有序如前月某人直會下月交送某人其一一事體開載如例又書某月某人交與某位掌管如此寫記明白庶不至差錯遲推諉之弊矣

右十二則可謂詳之詳矣原以聚會爲美非欲以本枝一葉漠然如行道之人一切不相關切甚且

等而下之流爲澆薄蹈習市井平常不覺一當聚會便爾手忙脚亂無安身之處如是者非無人吾見亦屢矣縱其人不足惜追念祖宗恐見斯狀然所以致是者總是平日不聞格言正論不見尊輩長者雖欲不如是不可得也麟今創是要見何心且派分既分散席又合稱家有無各隨其便非强人以所難也凡我賢達宜深維之御李山人麟又跋

呂氏鄉約

宋　呂大忠

德業相勸

德謂見善必行聞過必改能治其身能治其家能敬父兄能教子弟能御僮僕能事長上能睦親故能擇交游能守廉介能廣施惠能受寄託能救患難能規過失能爲人謀能集衆事能解鬭爭能決是非能興利除害能居官奉職凡有一善爲衆所推者皆書于籍以爲善行

業謂居家則事父兄教子弟待妻妾在外則事長上接朋友教後生御僮僕至于讀書治田營家濟物好禮樂射御書數之類皆可爲之非此之類皆爲無益

過失相規

過失謂犯義之過六犯約之過四不修之過五

犯義之過六一曰酗博鬬訟二曰行止踰違三曰行不恭遜四曰言不忠信五曰造言誣毀六曰官私太甚犯約之過四一曰德業不相勸二曰過失不相規三曰禮俗不相成四曰患難不相恤

不修之過五一曰交非其人二曰怠惰三曰動作無
儀四曰臨事不恪五曰用度不節已上不修之過每
犯皆書于籍三犯則行罰

禮俗相交

此行婚姻喪葬祭祀之禮禮經具載亦當講求如未
能遽行且從家傳舊儀世不經者當漸去之
凡與鄉人相接及往還書問當衆議一法共行之
凡遇慶弔每家只家長一人與同約者皆往其書問
亦如之若家有故或與所慶弔者不相識則其次者

當之所助之事所遺之物亦臨事聚議各量其力裁定名物及多少之數若氣分淺深不同則各從其情之厚薄凡遺物婚嫁及慶賀用幣帛羊酒蠟燭雉兔果食之類計所直多少不過三千至一二百喪葬始喪則用衣服或衣段以為襚禮以酒脯為奠禮計直多不過三千少至一二百至葬則用錢帛為賻禮用猪羊酒蠟燭為奠禮計直多不過五千少至三四百災患如水火盜賊疾病刑獄之類助濟者以錢帛米穀薪炭等物計直多不過三千少二三百

凡助事謂助其力所不足者婚嫁則借助器用喪葬則又借助人夫及爲之營幹

患難相恤

患難之事七一曰水火二曰盜賊三曰疾病四曰死喪五曰孤弱六曰誣枉七曰貧乏凡同約者財物之器用車馬人僕皆有無相假若不及之用及有所妨者亦不必借可借而不借及踰期不還及損壞借物者皆有罰凡事之急者自遣人徧告同約事之緩者所居相近及知者告于主事主事徧告之凡有患難

雖同約其所知者亦當恤事重則率同約者共行之

罰式

犯義之過其罰五百不修之過及犯約之過其罰一百凡輕過規之而聽及能自舉者止書于籍皆免罰若再犯者不免其規之不聽聽而復爲及過之大者皆即罰之其不義已甚非士論所容者及累犯重罰而不悛者特聚衆議若決不可容則皆絕之

聚會

每月一聚具食每季一會具酒所費率錢令當事者

主之過聚會則書其善惡行其賞罰若約有不便之
事共議更易

主事

約正一人或二人衆推正直不阿者爲之專主平決
賞罰當否直月一人同約中不以爲下依長幼輪次
爲之一月一更主約中雜事

人之所賴於隣里鄉黨者猶身有手足家有兄弟
善惡利害皆與之同不可一日而無之不然則秦
越其視何於我哉大患素病於此且不能勉顧與

鄉人共行斯道懼德未信動或取咎敢舉其目先
求同志苟以爲可願喜其諾成吾里仁之美有望
於衆君子焉熙寧九年二月初五日呂大忠白

女誡

漢　曹昭

序曰鄙人愚暗受性不敏蒙先君之餘寵賴母師之典訓年十有四執箕帚於曹氏于今四十餘載矣戰戰兢兢常懼黜辱以增父母之羞以益中外之累夙夜劬心勤不告勞而今而後乃知免耳吾性疏頑教導無素恒恐子穀負辱清朝聖恩橫加猥賜金紫實非鄙人庶幾所望也男能自謀矣吾不復以爲憂也但傷諸女方當適人而不漸訓誨

不聞婦禮懼失容他們取恥宗族吾今疾沉滯性命無常念汝曹如此每用惆悵閒作女誡七章願諸女各寫一通庶有補益裨助汝身去矣其勗勉之

卑弱第一

古者生女三日卧之牀下弄之瓦塼而齋告焉卧之牀下明其卑弱主下人也弄之瓦塼明其習勞主執勤也齋告先君明當主繼祭祀也三者蓋女人之常道禮法之典教矣謙讓恭敬先人後己有善莫名有

惡莫辭忍辱含垢常若畏懼是謂卑弱下人也晚寢早作勿憚夙夜執務私事不辭劇易所作必成手迹整理是謂執勤也正色端操以事夫主清靜自守無好戲笑潔齊酒食以供祖宗是謂繼祭祀也三者苟備而患名稱之不聞黜辱之在身未之見也三者苟失之何名稱之可聞黜辱之可遠哉

夫婦第二

夫婦之道參配陰陽通達神明信天地之弘義人倫之大節也是以禮貴男女之際詩著關雎之義由斯

言之不可不重也夫不賢則無以御婦婦不賢則無以事夫夫不御婦則威儀廢缺婦不事夫則義理墮闕方斯二者其用一也察今之君子徒知妻婦之不可不御威儀之不可不整故訓其男撿以書傳殊不知夫主之不可不事禮義之不可不存也但教男而不教女不亦蔽於彼此之數乎禮八歲始教之書十五而至於學矣獨不可依此以爲則哉

敬慎第三

陰陽殊性男女異行陽以剛爲德陰以柔爲用男以

彊爲貴女以弱爲美故鄙諺有云生男如狼猶恐其
尫生女如鼠猶恐其虎然則修身莫若敬避彊莫若
順故曰敬順之道婦之大禮也夫敬非它持久之謂
也夫順非它寬裕之謂也持久者知止足也寬裕者
尚恭下也夫婦之好終身不離房室周旋遂生媟黷
媟黷既生語言過矣語言既過縱恣必作縱恣既作
則侮夫之心生矣此由於不知止足者也夫事有曲
直言有是非直者不能不爭曲者不能不訟訟爭既
施則有忿怒之事矣此由於不尚恭下者也侮夫不

節譴呵從之忿怒不止楚撻從之夫爲夫婦者義以和親恩以好合楚撻之行何義之存譴呵既宣何恩之有恩義俱廢夫婦離矣

婦行第四

女有四行一曰婦德二曰婦言三曰婦容四曰婦功夫云婦德不必才明絕異也婦言不必辯口利辭也婦容不必顔色美麗也婦功不必功巧過人也淸閑貞靜守節整齊行己有耻動靜有法是謂婦德擇辭而説不道惡語時然後言不厭於人是謂婦言盥浣

塵穢服飾鮮潔沐浴以時身不垢辱是謂婦容專心紡績不好戲笑潔齊酒食以奉賓客是謂婦功此四者女人之大德而不可乏之者也然爲之甚易唯在存心耳古人有言仁遠乎哉我欲仁而仁斯至矣此之謂也

專心第五

禮夫有再娶之義婦無二適之文故曰夫者天也天固不可逃夫固不可離也行違神祇天則罰之禮義有愆夫則薄之故女憲曰得意一人是謂永畢失意

一人是謂永訖由斯言之夫不可不求其心然所求者亦非謂佞媚苟親也固莫若專心正色禮義居絜耳無塗聽目無邪視出無冶容入無廢飾無聚會羣輩無看視門戶此則謂專心正色矣若夫動靜輕脫視聽陝輸入則亂髮壞形出則窈窕作態說所不當道觀所不當視此謂不能專心正色矣

曲從第六

夫得意一人是謂永畢失意一人是謂永訖欲人定志專心之言也舅姑之心豈當可失哉物有以恩自

離者亦有以義自破者也夫雖云愛舅姑云非此所謂以義自破者也然則舅姑之心奈何固莫尚於曲從矣姑云不爾而是固宜從令姑云爾而非猶宜順命勿得違戾是非爭分曲直此則所謂曲從矣故女憲曰婦如影響焉不可賞

和叔妹第七

婦人之得意於夫舅姑之愛己也舅姑之愛己由叔妹之譽己也由此言之我臧否譽毀一由叔妹叔妹之心復不可失也皆莫知叔妹之不可失而不能和

之以求親其蔽也哉自非聖人鮮能無過故顏子貴於能改仲尼嘉其不貳而況婦人者也雖以賢女之行聰哲之性其能備乎是故室人和則謗掩於內離則惡揚此必然之勢也易曰二人同心其利斷金同心之言其臭如蘭此之謂也夫嫂妹者體敵而尊恩疏而義親若淑媛謙順之人則能依義以篤好崇恩以結援使徽美顯章而瑕過隱塞舅姑矜善而夫主嘉美聲譽曜于邑鄰休光延於父母若夫惷愚之人於嫂則託名以自高於妹則因寵以驕盈驕盈既施

何和之有恩義既乖何譽之臻是以美隱而過宣姑忿而夫愠毀訾布於中外恥辱集於厥身進增父母之羞退益君子之累斯乃榮辱之本而顯否之基也可不慎哉然則求叔妹之心固莫尚於謙順矣謙則德之柄順則婦之行凡斯二者足以和矣詩云在彼無惡在此無射其斯之謂也

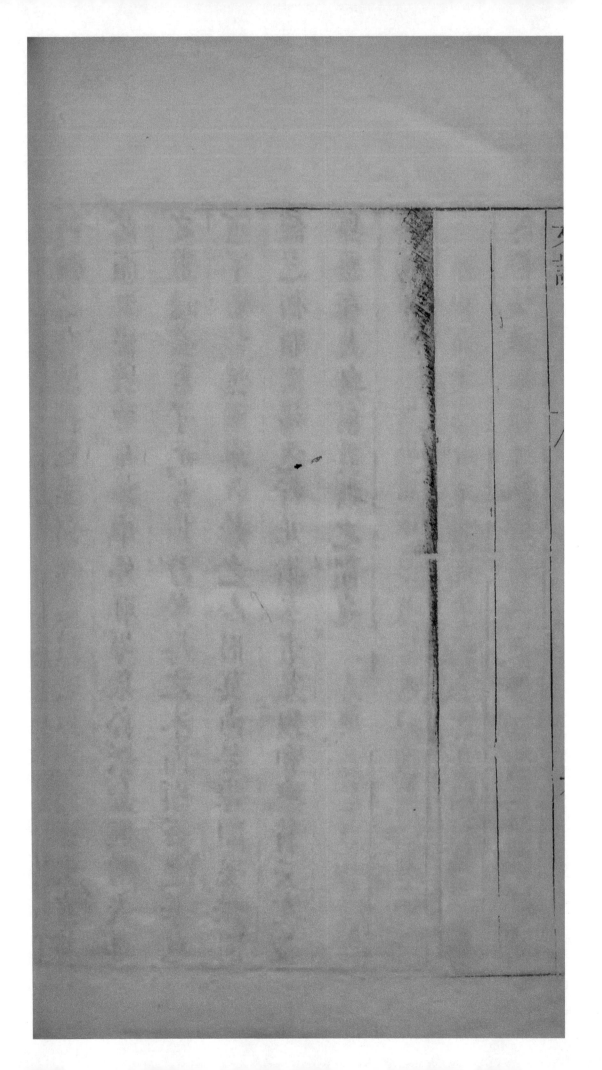

女範

柳城胡氏

內則曰婦事姑舅如事父母鷄初鳴咸盥漱櫛縱笄總衣紳左右佩用衿纓綦屨以適父母舅姑之所及所下氣怡聲問衣燠寒疾痛苛癢而敬抑搔之出入則或先或後而敬扶持之進盥少者奉槃長者奉水請沃盥盥卒授巾問所欲而敬進之柔色以溫之父母舅姑必嘗之而後退男女未冠笄者鷄初鳴咸盥漱櫛縱拂髦總角衿纓皆佩容臭昧爽而朝問何食

飲矣若已食則退若未食則佐長者視具凡內外雞初鳴咸盥漱衣服斂枕簟灑掃室堂及庭布席各從其事

父母姑舅將坐奉席請何鄉將衽長者奉席請何趾少者執牀與坐御者舉几斂席與簟縣衾篋枕斂簟而襡之父母舅姑之衣衾簟席枕几不傳杖屨祗敬之勿敢近敦牟卮匜非餕莫敢用與恒飲食非餕莫之敢飲食

在父母舅姑之所有命之應唯敬對進退周旋慎齊

升降出入揖遊不敢噦噫嚏咳欠伸跛倚睇視不敢
唾洟寒不敢襲癢不敢搔不有敬事不敢袒裼不涉
不撅褻衣衾不見裏父母唾洟不見冠帶垢和灰請
漱衣裳垢和灰請澣衣裳綻裂紉箴請補綴少事長
賤事貴共帥時
子婦無私貨無私畜無私器不敢私假不敢私與婦
或賜之飲食衣服布帛佩帨茝蘭則受而獻諸舅姑
舅姑受之則喜如新受賜若反賜之則辭不得命如
更受賜藏以待乏婦若有私親兄弟將與之則必復

請其故賜而後與之

孔子曰婦人伏於人也是故無專制之義有三從之道在家從父適人從夫夫死從子無所敢自遂也教令不出閨門事在饋食之間而已矣是故女及日乎閨門之內不百里而犇喪事無擅爲行無獨成參知而後動可驗而後言晝不遊庭夜行以火所以正婦德也女有五不取逆家子不取亂家子不取世有刑人不取世有惡疾不取喪父長子不取婦有七去不順父母去無子去淫去妒去有惡疾去多言去竊盜

去有三不去有所取無所歸不去與更三年喪不去前貧賤後富貴不去凡此聖人所以順男女之際重婚姻之始也

胡安定曰嫁女必須勝吾家者勝吾家則女之事人必欽必戒娶婦必須不若吾家者不若吾家則婦之事舅姑必執婦道

每歲畜蠶主母分給蠶種與諸婦使之在房畜飼待成熟時却就蠶屋上箔須令子弟直宿以防風燭所得之蠶繭當聚一處抽繅更預先抄寫各房所蓄多

寡之數照什一之涂賞之
諸婦毋歲公堂於九月俵散木綿使成布匹限以次
年八月交收通買錢物以給一歲衣資之用公堂不
許浸使或有故意製造不佳及不登數者則準給本
房甚者住其衣資不給有能依期登數者照什一之
涂賞之其事並係羞服長主之
諸婦親姻頗多除本房至親與相見外餘並不許可
見者亦須子弟引導方入中門見燈不許入會衆罰
其夫主毋不拘婦人親族有爲僧道者不許往來

袁采曰人家不和多因婦女以言激怒其夫及同氣蓋婦女所見不廣不遠不公不平又其所謂舅姑伯叔妯娌皆假合强爲之稱呼非自然天屬故輕於割恩易於脩怨非丈夫有遠識則爲其役而不自覺一家之中乖變生矣

婦女之易生言語者又多出於婢妾之鬬婢妾愚賤尤無見識以言他人之短識爲忠於主母若婦女有見識能一切勿聽則虚佞之言不復敢進若聽之信之從而愛之則必再言之又言之使主母與人遂

成深譬爲婢妾者方洋洋得志

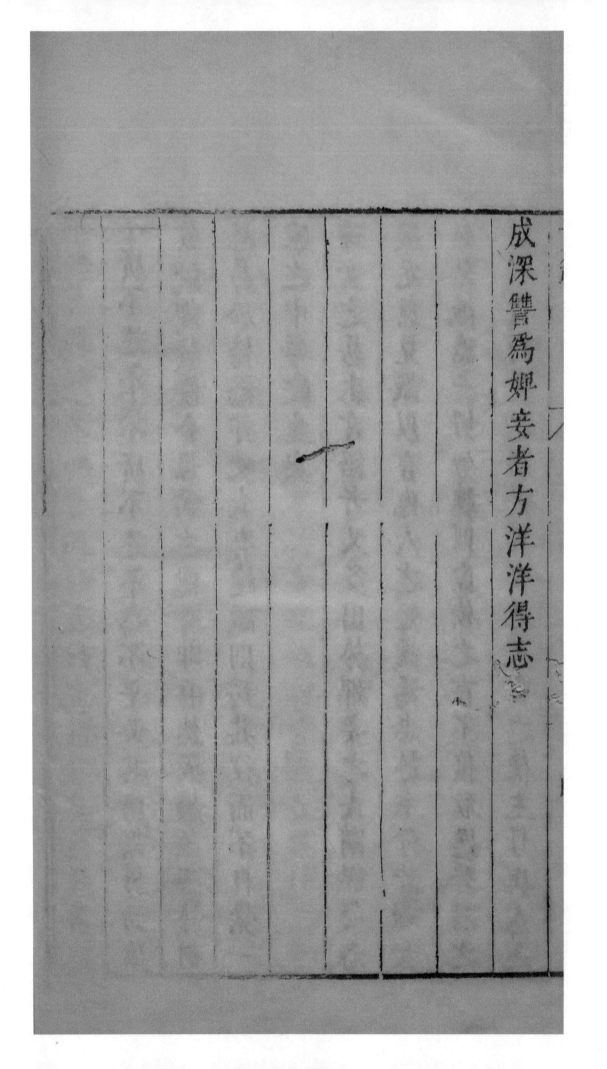

居家必備 二

27

居家必備卷二

懿訓

遵生寶訓

座右箴言

居家制用

經鋤雜志

韋弦佩

視履約

食觀酒鑒

遵生寶訓

古杭高濂纂

老子曰人生大期百年爲限節護之者可至千歲如膏之小炷與大炷衆人大言我小語衆人多煩我少記衆人悖怖我不怒

莊子曰能遵生者雖富貴不以養傷身雖貧賤不以利累形

妙真經曰人常失道非道失人人常去生非生去人故養生者慎勿失道爲道者慎勿失生使道與生相

守牛與道相保

河圖帝視萌曰侮天地者凶順天時者吉春夏樂山高處秋冬居卑深藏

雒書寶予命曰古人治病之方和以醴泉潤以元氣藥不辛不苦甘甜多味常能服之津流五臟繫之在肺終身無患

太上九行曰行無爲行柔弱行守雌勿先于動是名上三行行無名行清淨行諸善是名中三行行忠孝行知足行推讓是名下三行

玉樞經曰道者以誠而入以默而守以柔而用可以
幾矣
真誥曰鏡以照面智以照心鏡明則塵垢不染智明
則邪惡不生
亢倉子曰導筋骨則形全剪情慾則神全靖言語則
福全
洞神真經曰養生以不損爲延年之術不損以有補
爲衛生之經
元道真經曰生可冀也死可畏也草木根生去土則

死魚龜沉生去水則死人以形生去氣則死故聖人知氣之所在以爲身寶

黄帝内傳曰食風者靈而延壽靠食穀者多智而勞形神食草者愚癡而足力食肉者鄙勇而多嗔服氣者常存而得道

小有經曰才所不勝而强思之傷也力所不任而强舉之傷也深憂而不解重喜而不釋皆傷也

定觀經曰有事無事常若無心處靜處喧其志惟一制而不着放而不動處喧無惡涉事無惱者此是眞

定

妙眞經曰視過其目者明不居聽過其耳者精不守愛過其心者神不居牽過于利者動即懼

經曰精氣神爲內三寶耳目口爲外三寶常使內三寶不逐物而施外三寶不誘中而擾

太玄經曰喜怒傷性哀樂傷神傷性則害生傷神則侵命

胎臟論曰先除慾以養精後禁食以存命是知食胎氣飲靈元爲不死之道返童還年

梓潼寶章曰饒一着添子孫之福壽退一步免駒隙之易過忍一言免駟馬之難追息一怒養身心之精和

金筒錄曰心不留事一靜可期此便是覓靜底頭路也

陰符經曰淫聲美色破骨之斧鋸也世之人不能秉靈燭以照迷情持慧劍以割愛慾則流浪生死之海是害先于恩也

仙經云覺與陽合寐與陰并覺多則魂強寐久則魄

壯

元始經曰喜怒損性哀樂傷神性損則害生故養性以全炁保神以安身氣全體平心安神逸此全生之訣也

三茅君訣曰神養于氣氣會于神神氣不散是謂修真

重陽師曰老人于十二時中行住坐卧一切動中要把心似泰山不搖不動謹守四門眼耳鼻口不令內入外出此名養壽緊要

譚景昇化書曰忘形以養氣忘氣以養神忘神以養虛

白玉蟾曰薄滋味以養氣去嗔怒以養性處卑下以養德守清淨以養道

玄關秘論曰無心于事則無事于心故心靜生慧心動生昏

又曰靈氣謂之神休氣謂之鬼煩氣謂之虫魚雜氣謂之禽獸姦氣謂之妖邪

崔瑊箴曰動不肆勤靜不燕逸

真訓曰眼者身之鏡耳者體之牖視多則鏡昏聽衆則牖閉面者神之庭髮者腦之華心悲則面焦腦減則髮素精者體之神明者身之寶勞多則精散營竟則明消

彭祖曰凡人不可無息當漸漸除之人身虛無但有游氣氣息得理而病不生

太上日用經曰飲食餐完禁口端坐莫起邪念調息綿綿呼吸自在似有如無心火下降腎水上升口中津生靈真附體

四十二章經云斷欲去愛識自心源內無所得外無所求心不戲道亦不結業是亦爲道

庚桑曰全汝形抱汝生毋使汝思慮營營故外不勞形于事內無思想之患則形體不弊精神不散可以延年

老子曰知足不辱知止不殆

內經曰謹和五味骨正筋柔氣血以流腠理以密長有天命

淮南子曰大喜墜陽大怒破陰

天隱子曰潔身虛心深居靜室收心復性遺形忘我

萬法通靈是爲五漸之門

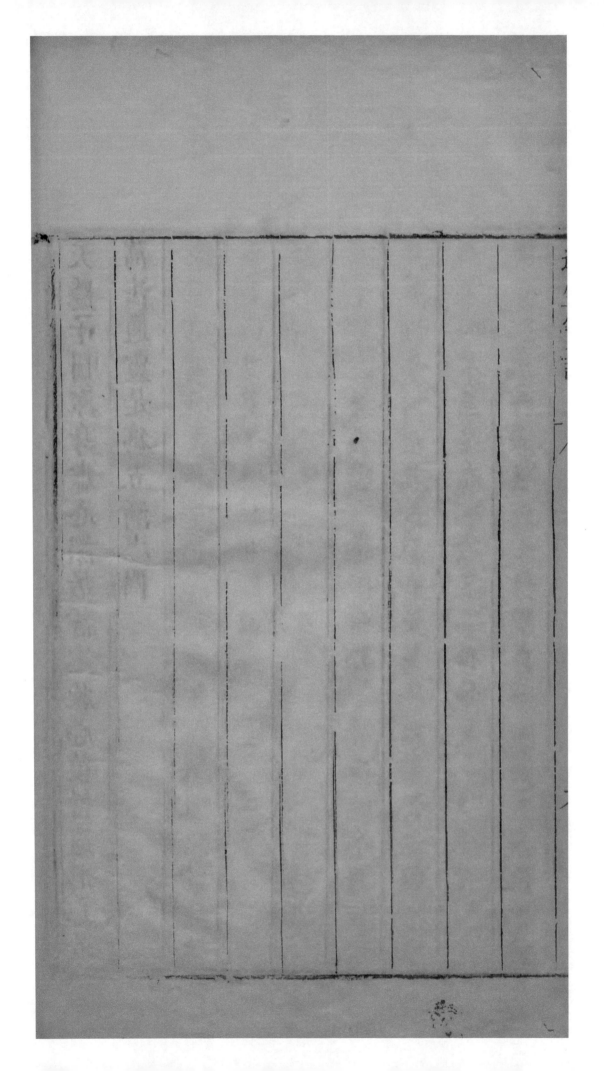

居家制用

吳郡陸楙山

古之爲國者冢宰制國用在于歲之杪五穀皆入然後制國用用地小大視年之豐耗三年耕必有一年之食九年耕必有三年之食以三十年之通制國用雖有凶旱水溢民無菜色國既若是家亦宜然故凡家之田疇足以贍給者亦當量入以爲出然後用度有準豐儉得中怨讟不生子孫可守今以田疇所收除租稅及種蓋糞治之外所有若干以十分約之留

三分爲水旱不測之備（專存米穀不可變易銀鈔其輕齎但當逐年增置倉廩）其
六分作十二月之用（閏月則分作十三月之用）取一月合用之數
約爲三十分日用其一（茶飯魚肉賓客酒漿子孫紙筆先生束修幹事奴僕等皆）
（取諸其間）可餘而不可盡用至七分爲得中不及五分爲
太齋（蓋於所餘太多則家益富將至僭侈無度則入于罪戾矣）其所餘者別置簿
收管以爲伏臘裘葛修葺墻屋醫藥賓客弔喪問疾
時節饋送又有餘則以周給鄰族之貧弱者賢士之
窮困者佃人之饑寒者過往之無聊者毋以妄施僧
道蓋僧道本是蠹民況今之僧道無不豐足施之適

是以濟其嗜欲長其過惡而費農夫血汗勤勞所得之物未必不增吾冥罪其何福之有其田疇不多日用不能有餘則一味節嗇裘葛取諸蠶績墻屋取諸蓄養雜種蔬菓皆以助用不可侵過次日之物若一日侵過無時可補則便有廢家之漸當謹戒之其有田少而用廣者但當清心儉素經營足食之路於接待賓客弔喪問疾時節饋送會合飲食之事一切不講免致干求親舊以滋過失責望故素有所怨尤負諱逋借以招恥辱家居如此方爲稱宜而遠吝倦之

答積是成俗豈惟一家不憂水旱天菑雖一郡一縣皆無憂矣其利豈不博哉

右上篇

居家之病有七曰呼曰遊曰飲食曰土木曰爭訟曰翫好曰惰慢有一於此皆能破家其次貧薄而務周旋豐餘而尚鄙猥事雖不同其終之害或無以異但在遲速之閒耳夫豐餘而不用者疑若無害也然已既豐餘則人望以周濟今乃恝然則失人之情既失人之情則人不佑之惟恐無其隙苟有隙可乘則爭

媒蘖之難其子孫亦懷不滿之意一旦入手若決隄破防矣前所言存留十之三者爲豐餘之多者制也苟所餘不能三分則存二分亦可又不能存二分則存一分亦可又不能存一分則宜節嗇用度以存羸餘然後家可長久不然一旦有意外之事家必破矣

記曰喪用三年之仂注謂仂什一也正今所存留三分數凡喪葬所費其豐儉之節當以此爲準今謂人家婚禮當視喪禮所費則豐儉亦似得中其有貧者豈可復立準則所謂斂手足形還葬而無槨人豈有非之者則婚禮宜俱無所廢所謂並其講之足矣

前所言一切不講者非謂絕其事也謂不能以貨財爲禮耳如弔喪則以先往

後罷爲助賓客則樵蘇不爨清談而已至如奉親至
急也啜菽飲水盡其懽斯之謂孝祭祀宜嚴也蔬食
菜羹足以致其敬凡事皆然則人固不我責而我亦
何慊焉如此則禮可不廢而財不匱矣前所言以六
分爲十二月之用以一月合用之數約爲三十分者
非爲必於其日用盡但約見每月每日之大槩其間
用度自爲贏縮惟是不可先次侵過恐難追悔宜先
餘而後用以無貽鄙吝之譏世言皆謂用度有何窮
盡蓋是未嘗立法所以豐儉皆無準則好豐者妄用

以破家好儉者多藏以斂怨無法可依必至於此愚

今考古經國之制爲居家之法隨貲產之多寡制用

度之豐儉合用萬錢者用萬錢不謂之侈合用百錢

者用百錢不謂之鄙是取中可久之計也

右下篇

至元六年歲在庚辰春正月甲子笠澤陸慈原

重鐫于農圃堂

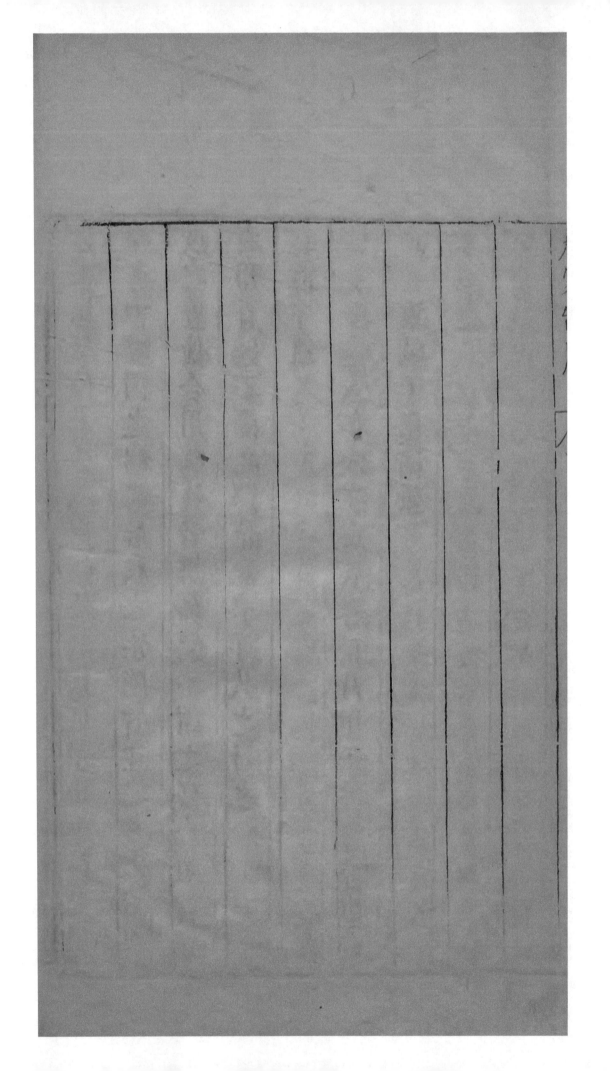

座右箴言

古杭高濂

司馬温公解禪六偈

忿怒如烈火利欲如銛鋒終朝長戚戚是名阿鼻獄

顔回甘陋巷孟軻安自然富貴如浮雲是名極樂國

孝悌通神明忠信行蠻貊積善來百祥是名作因果

仁人之安宅義人之正路行之誠且久是名不壞身

道德修一身功德被萬物爲賢爲大聖是名佛菩薩

言爲百世師行爲天下法久久不可掩是名光明藏

黃山谷四印

我提養生之四印居家所有更贈君百戰百勝不如一忍萬言萬當不如一默無可揀擇眼界平不藏秋毫心地直我肱三折得此醫自覺兩踵生光輝蒲團日靜鳥吟時爐薰一炷試觀之四休四印老少富貴無量無邊普同供養

崔子玉座銘

毋道人之短毋說己之長施人慎勿念受施慎勿忘世譽不足慕惟仁為紀綱隱心而後動謗議庸何傷

母使名過實守愚聖所臧在涅貴不緇曖曖內含光
柔弱生之徒老氏戒剛強行行鄙夫志悠悠故難量
慎言節飲食知足勝不祥行之茍有恒久久自芬芳

嵇中散五難

養生有五難名利不去爲一難喜怒不除爲二難聲
色不去爲三難滋味不薄爲四難神蕩精散爲五難
五者不去心雖希壽口誦至言咀嚼英華呼吸太陽
不能挽其天且病也五者能絕則信順日濟道德日
祈生而有神不求壽而延年矣

快活四事

會做快活人凡事莫生事會做快活人省事莫惹事會做快活人大事化小事會做快活人小事化無事

眞人大計

疎懶者壽慳靳者夭放散劬勞之異也田夫壽膏粱夭嗜慾多少之驗也處士少疾遊子多患事務煩簡之殊也故俗人競利道士罕營

林君復四箴

飽黎藿者鄙膏粱樂貧賤者鄙富貴安義命者輕生

死、違是非者忘滅否、

圭峯要箴

隨時隨處息業養神曇倫云行住坐臥離念淨心人可以利濟通達者常力行之患難困苦者力救之皆如已身之事此外功德也修此勿責人報勿希天祐天若有靈人若有知理合何如哉、清心釋累懲忿窒慾求自然智住無礙行此內功德也修此勿期道勝勿思瑞應經若不誣教若不虛理合何如哉

又

所見有是有不是此世間妄眼也無事無不事方爲出世真眼所知有可有不可此爲世間妄心也無可無不可方爲出世真心高一步者眼界常不分別心界常得安和。

薛子家箴

爲家以正倫理別内外爲本以尊祖睦族爲先以勉學修身爲次以樹藝牧畜爲常守以節儉行以慈讓足已而濟人習禮而畏法可以寡過可以靜攝而無擾擾于前矣

王通要語

靜漠恬淡所以養生也和愉虛無所以褑德也外不亂內即性得其宜靜不動和即德安其位養生以經世抱德以終年可謂能體道矣

關尹三在四少

困天下之智者不在智而在愚窮天下之辯者不知辯而在訥服天下之勇者不在勇而在怯少言者不爲人所忌少行者不爲人所短少智者不爲人所勞少能者不爲人所役

太一六字經

予有經三部共只六字儒者誦之成聖道士遇之成僊和尚誦之成佛但要體認奉行一字經曰忍二字經曰方便三字經曰依本分是也三經不在大藏只在靈臺

袁氏世範

在仕者事上官如畏友視吏胥如僕隸撫良民如子弟則無往而非學矣居家者事親如君敬尊屬如上官待兄弟如親賓如同僚慈幼少恤耕役者如百姓

御奔走使令者如吏卒而少加寬焉是亦爲政矣

司馬温公家訓

積金以遺子孫子孫未必能守積書以遺子孫子孫未必能讀不如積陰德于冥冥之中以爲子孫長久之計

王伯大四留銘

留有餘不盡之巧以還造化留有餘不盡之祿以還朝廷留有餘不盡之財以還百姓留有餘不盡之福以遺子孫

寇萊公六悔銘

官行私曲失時悔富不儉用貧時悔藝不少學過時悔見事不學用時悔醉不狂言醒時悔安不將息病時悔

陳茂卿夙興箴

鷄鳴而起思慮漸馳盍於其間澹以整之或省舊愆或紬新得次第條理瞭然默識本旣立矣昧爽乃興盥櫛衣冠端坐斂形提掇此心皦如出日嚴肅整齊虛明靜一乃啓方策對越聖賢夫子在坐顔曾後先

聖師所言親切敬德弟子問辯反復參訂事至斯應
則驗于爲明命赫然常目在之事雖旣已我則如故
方寸湛然凝神息慮動靜循環惟心是監靜存動察
勿貳勿參讀書之餘間以遊詠發舒精神休養情性
日暮人倦昏氣易乘齋莊恭敬振拔精明夜久斯寢
齊手斂足不作思惟心神歸宿養以夜氣貞則復元
念茲在茲日夕乾乾

經鉏堂襍誌

宋 倪思

歲計

儉者君子之德世俗以儉爲鄙非遠識也儉則足用儉則寡求儉則可以成家儉則可以立身儉則可以傳子孫奢則用不給奢則貪求奢則掩身奢則破家奢則不可以訓子孫利害相反如此可不念哉富家有富家計貧家有貧家計量入爲出則不至乏用矣用常有餘則可以爲意外横用之備矣今以家之用

分而爲二令兩子弟分掌之其日用收支爲一其歲
計收支爲一日用以貨錢俸錢當之每月終白尊長
有餘則趲在後月不足則取歲計錢足之歲計以家
之薄產所入當之歲終以白尊長有餘則來歲可以
舉事（謂如添造屋宇之類）不足則無所與舉可以展向後者一
切勿爲以待可爲而爲之或有意外橫用亦告於尊
長隨宜區處

人家至於破產先自借用官物錢始既先借用官物
錢至於官物催趲不免舉債與償久而利重雖欲存

産業不可得矣故當先須留官物錢則無此患僕奮
空拳粗成家業毫分積累甚難諸子宜體心各存公
心管幹且爲二十年計日後則事難料又在諸子從
長區處僕之智力有不及矣月河莫侍郎家甚富兄
弟同居亦三十餘年此可法也蓋聚居則百費皆省
析居則人各有費也然須上下和睦若自能奮飛不奮
藉父業則聽其挈出不可將帶父業留以與不能奮
飛者可也
人家用度皆可預計惟横用不可預計若婚嫁之事

是閒暇時子弟自能主張若乃喪葬倉卒之際往往爲浮言所動多至妄用以此爲孝世俗之見切不可狥則當隨家豐儉也慶元六年九月十五日

月計

士大夫家子弟若無家業經營衣食不過三端上焉者仕而仰祿中焉者就館聚徒下焉者干求假貸今員多闕少待次之日常多官小俸薄既難贍給遠宦有往來道塗之費縱餘無幾意外有丁憂論罷之虞不可不備又還家無以爲策則居官凡事擘畫若有

退步進退在我易以行志矣就館聚徒所得不過數十有一虛館爭者甚衆未娶就館猶可既娶之後難遠離家在已爲羈旅在家則百事不可照料或自有子欲教不可若稍有家業則可免此患縱不免就館聚徒亦不至若不可一日無館者之窘也至于干謁假貸滋味尤惡不唯趦趄囁嚅此狀可惡奔走于道塗見拒于閽人情況之惡抑又可知縱有所得無幾久而化爲脣吻絜特之士化爲無廉耻可厭之人若乃假貸親故至一至再亦難言矣諺曰做個求人面

不成此言有理若自有薄產無此惡况矣吾家業雖不多若自知節省且爲二十年計可以使汝輩衎闕不至狼狽旣免聚徒就館又免干求假貸諺曰求人不如求巳此之謂也巳作歲計簿復作月計簿葢先有月計然後歲計可知若月之所用多于其所入積而至歲爲大闕用矣世間事固終歸空人固各有命然可施智力處亦不當不理會又所求者在巳與夫不知義命妄求者大異也非是空言乃真達理

子孫計

或曰既有子孫當爲子孫計人之情也余曰君子豈不爲子孫計然其子孫計則有道矣積德一也家傳清白二也使之從學而知義三也授以資身之術如才高者命之習舉業取科第才卑者命之以經營生理四也家法整齊上下和睦五也爲擇良師友六也爲娶淑婦七也常存儉風八也如此八者豈非爲子孫計乎循理而圖之以有餘而遺之則君子之爲子孫計豈不久利而父子兩得哉如孔子教伯魚以詩禮漢儒教子一經楊震之使人謂其後爲清白吏子

孫鄧禹十子人各授之一業龐德公云人皆遺之以危我獨遺之以安皆善爲子孫計者又何慊焉

居山約

余嘗兼山本以藏拙已就粗安可以忘歸諸兒之意眷戀挽留又難遽絕今與汝曹約每月二十日在山十日在家獨甚寒甚暑兩月則全在家恐山中不便也山中不可獨須子弟一人侍置曆輪流四子每人一旬周而復始其當旬者凡飲膳之類專掌之其餘在家有効蒔薪各隨其意多少不拘無亦不責其或

有商議事合要來此不必當旬自宜前禀自六月爲始各于旬下書名如當旬有私幹兄弟挪容

食時五觀

魯直作食時五觀其言深切可謂知慙愧者矣余嘗入一佛寺見僧持戒者每食先淡喫三口第一以知飯之正味人食多以五味襍之未有知正味者若淡喫食則本自甘美物不假外味也第二思衣食之從來第三思農夫之愁苦若此則五觀中已備其義每食用此法極爲簡易且先喫三口白飯已過半矣後

所食者雖無羨蔬亦自可了處貧之道也

憂樂

世間遇如意事其樂不過三日至于不如意事未至亦憂已至亦憂過去亦憂故憂樂雖日相對要之樂少憂多也

惜别

家妹見訪骨肉相聚甚慰老懷童兒亦爲之喜其歸也不能不作惡坡詩云我始來宛丘牽衣舞兒童便知有此恨留我過西風西風亦已過恨別終無窮人

情一也來時之喜即爲別時之感親履此境尤見坡
詩之工

戀憾

啟手足之際有餘則戀不足則憾苟不知道二者必
居一焉

佚我以老

造物勞我以生逸我以老少年不勤是不知勞也年
老奔競是不知逸也天命我佚而我自勞以取困辱
豈非逆天乎

人生享用

人之一身每日所食不過米一升終年所衣不過一兩疋若酒食襍費歲計不過百千此切身誠不可闕其餘盡爲他人若時時以此提省庶幾不爲他人造業自己受報也

儉

儉而能施仁也儉而寡求義也儉以爲家法禮也儉以訓子孫智也儉而慳吝不仁也儉復貪求不義也儉於其親非禮也儉其積遺子孫不智也

枉了煩惱

世間不如意者動輙煩惱而煩惱徒增其病於事了無所益達者看破但有料理更不添此一重纏縛

筵宴三感

今夫筵宴以酒十行爲率酒先三行少憩（俗謂之歇坐）或奕棋或縱步或款語已乃復飲則有終日之歡若一盃纔畢一盃繼進須臾之間宴告終矣賓主皆無意味人情不得款曲余於是乎有感一也三盃亦散五盃亦散十盃亦散極至于百盃亦散諺曰未有不散

之筵余於是乎有感二也凡招客者必以其類趣集有必先問同招者誰儻皆善類賓主皆安忽有一非類者厠其間是爲主不審之過客則終席不樂苟其甚則托辭以避矣余於是乎有感三也

寬作程

凡事寬作程極有意味且如讀書工夫計工以兩日看者作五日看則玩味有餘矣出入登途計程以十日行作半月行則不至勞苦冒險矣

閑

尋思百計不如閑未老得閑方是閑又得浮生半日閑皆昔實欲閑而不能羨閑而未遂者閑豈易得哉然古人制字閑適與防閑之字同蓋有深意飽食終日無所用心難矣君子居閑雖不至如小人之無所不爲然亦多恣意于聲色盃酒者是以貴于以禮防閑也

花無十日

一歲栽培花開不過十日又有風雨摧折之變譬之人生勞苦一世其如意時不過數年耳

有一物添一累

頃年畜兩鶴既乏專人看顧朝放暮收不免關心又恐擾鄰圃驚童兒羽翮再完一旦飛去自是遂省一事以此知有一物添一累也

閑冷

閑居冷落門無賓饋乃可省緣或者嘆閑居之冷落至于無聊人之所見何相去之遠哉

自十歲至七十

自十歲以上至七十人各有業無能免勞者唯十歲

以下則以必七十以上則以老苟非二者未有不勞惟智者能擇術勞智而不勞力若不勞智又不勞力斯餓莩也

衣食

衣以歲計食以日計一日闕食必至饑餒一年闕衣尚可藉舊衣在家者也食麤而無人知衣飾外者也衣弊而人必笑故善處貧者節食以完衣不善處貧者典衣而市食

寢食

人之相祝頌必曰精調茵鼎蓋人生不過寢食二事日不甘食夜不安寢則病矣今富貴之家以酒奪食以色妨寢則是二者皆失之且夫中酒之後繼之戕賊夜坐連旦日中而起宿酲未解又復飲酒其情思無聊不如强飯安眠者多矣况如是之人未有能中壽者此乃可憐何足羨乎

嘗作病想

人在病中百念灰冷雖有富貴欲享不可反羨貧賤而健者是故人能于無事時常作病想一切名利之

心自然掃去真妙法也

欣戚相生

人之所欣生於戚戚却生乎欣試以一二事明之士子發舉則欣矣春闈見黜則大戚女子得男則欣矣一旦失之則大戚是戚生於欣也抱病則戚病愈則欣失物則戚已失復得則欣是欣生於戚也無所欣戚初則人自生之達者知其然故於得喪無所欣戚也

憂喜相生

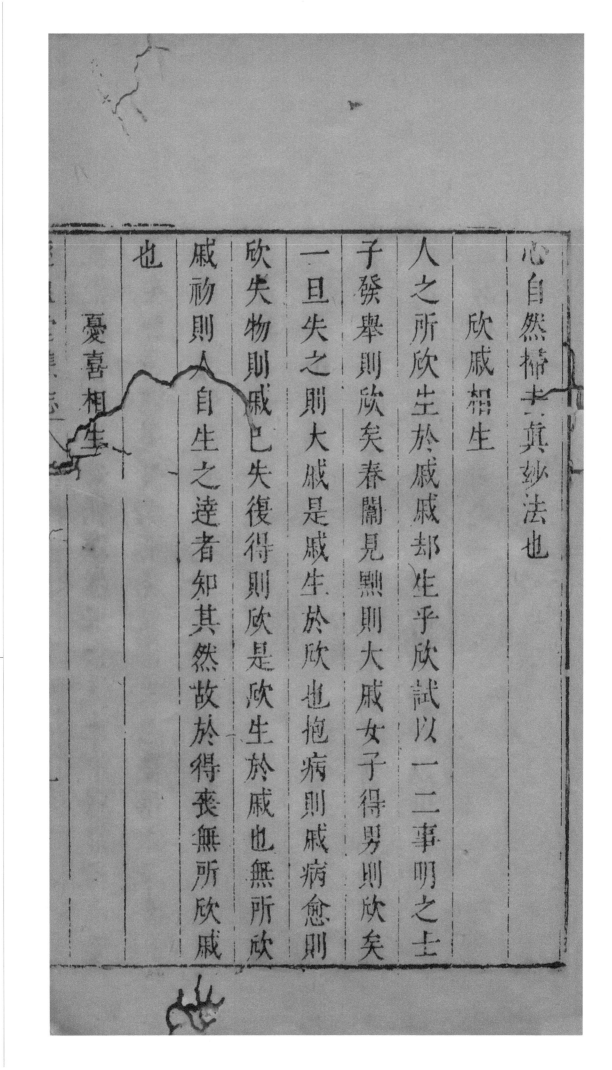

喜生憂憂生喜若循環然假如元未有得忽得之斯喜矣既得之復失之斯憂矣已失之復得之又喜矣達者得之知後必失之失之如本來之無有此所以無憂無喜也

齋齋十樂

讀義理書學法帖字澄心靜坐益友清談小酌半醺澆花種竹聽琴翫鶴焚香煎茶登城觀山寓意奕棋雖有他樂吾不易矣

十不如

畫扇不如紙扇錦綺不如布帛巨艦不如輕舟高堂不如低屋金寶器物不如甆瓦麗妻艷妾不如醜妻惡妾食肉不如食素厚氈不如薄氈俊爽不如樸厚富貴不如貧賤

十或問

或問生死曰晝夜或問今生來生曰今日來日或問佛土曰清淨慈悲或問地獄曰貪濁忿怒或問快樂曰知足或問尊榮曰無求或問報應曰形影或問久長曰如常或問享福曰無禍或問壽考曰不朽

貴人十反

貴人十反夜當卧而飲宴早當起而醉卧心當逸而勞身當勞而逸吝束修不請師教子弟而以大錢顧教聲妓藥餌無病而服有病不肯服果蔬尚新不待熟食物取細失正味山水不喜眞境而喜圖畫器用不貴金銀而貴銅甆

六拗

後生不讀書而老者讀書胥吏幹人子孫應科舉而官門不習舉業貧者妄用而富者節儉囊金[illegible]者無憂慮

而肉食者泰然僧道食葷而俗人好善茹素富貴家女爲新婦遵禮法甘枯淡貧賤家女爲新婦反不識好惡

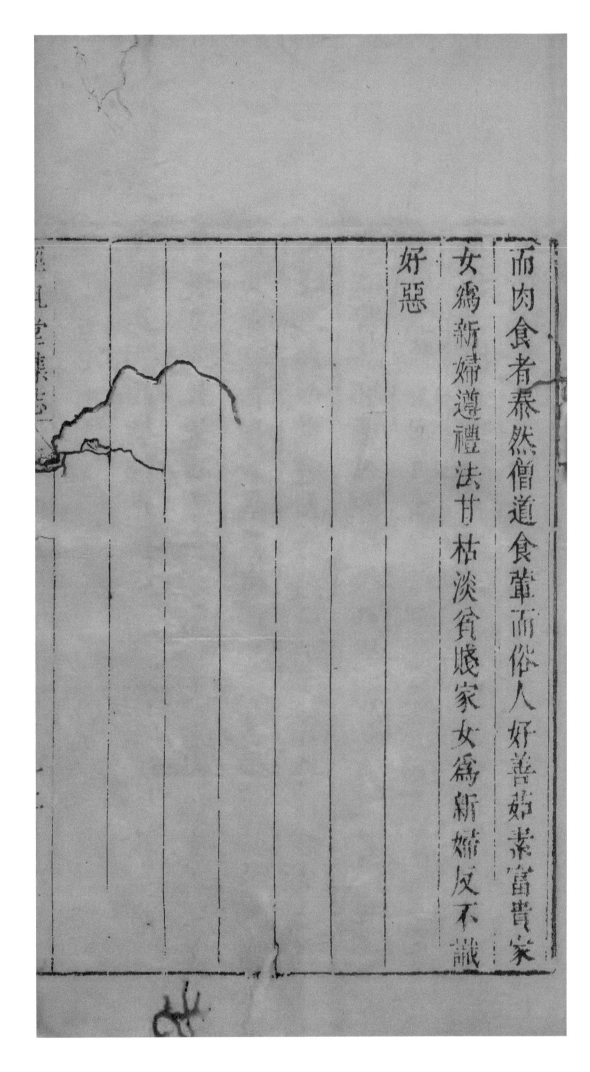

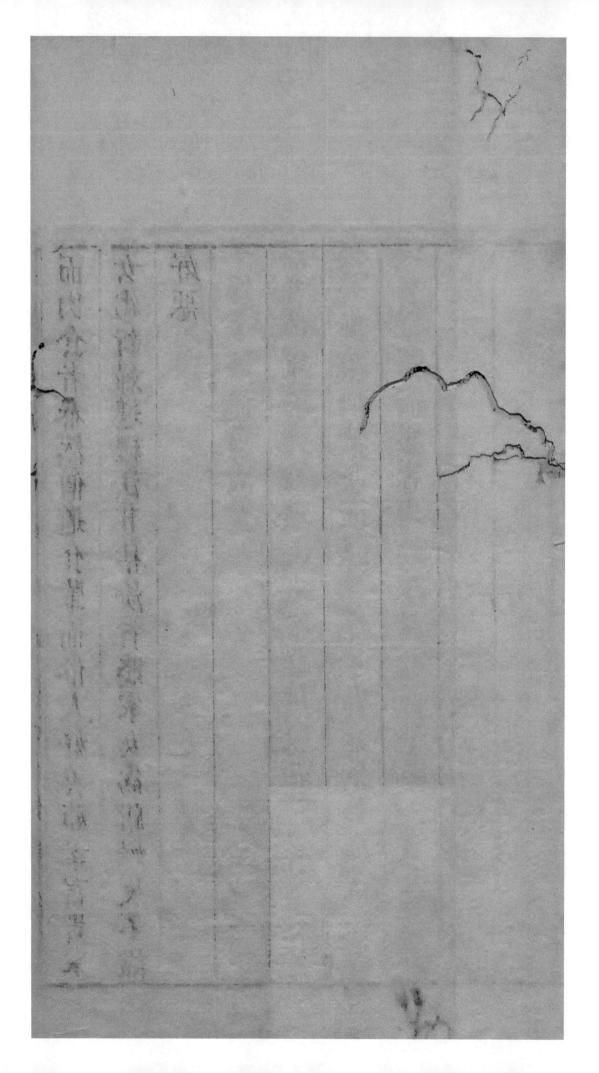

韋弦佩序

性急者佩韋性緩者佩弦聖人以此和劑於民使協中庸之軌也當其無所於觸則悠哉游哉義理之勇蔑如當其有所於觸則悱然怫然血氣之勇[illegible]矣尼父曰見義不爲無勇也又曰小人有勇而無義則亂故知義理者君子所尚血氣者小人所乘吾常省躬不無反是此韋弦佩者故父師之所謂鍼也處方艾觀藥鏡却病萃以成書居本畯撰

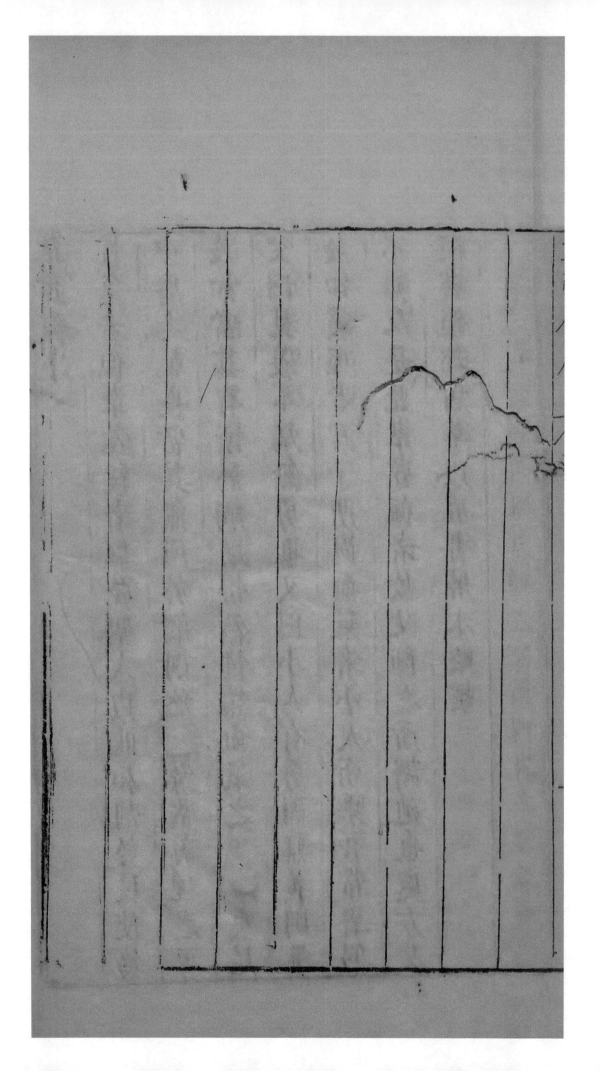

甫上屠本畯

處方第一

中林之士有五不治之疵有七可處之方其樂天知命安穩自在不犯五疵者上也紛華易染定力不堅或犯一二者中也利欲薰陶肝胆差別全犯五疵者下矣請列五疵假修隱遁獨鼓虛聲一疵也口挂雲林心謝煙壑二疵也浪語考槃極構盤斷三疵也擁苦寂寥轉深涼熱四疵也頻談游道

黄賈山錢丑瓶也此五瓶神農岐伯所未論之証

本草圖經所不載之藥又安能鍼砭哉立此方爲

標本願醫我山林同躋壽域云爾

和氣湯　治一切客氣怒氣怨氣抑鬱不平之氣

　恐字一個　忘字一個

用不語唾送下先之以恐可免一朝之患也繼之

以忘可無終身之戚也更飲醇酒數杯使醺然半

　酣尤妙（岩棲幽事）

快活無憂散

除煩惱　斷妄想

今此藥洒掃靜室窗楞虛朗前列小檻栽花種竹貯水養魚室中設几榻蒲團跏趺調息將前藥用清淨湯調服至三炷香久任意所適吟弄風月展玩法帖名畫小說倦則啜香茗就枕偃息久之覺神氣爽泰不知人間有煩惱不見我心有妄想則神效可觀矣（崑樓幽宇）

處窮方

顏蠋戰國時人隱居不仕常言處窮方其藥四味（後四妙誠實丹中有六字經九字經兼看）

一無事以當貴　二早寢以當富
三安步以當車　四晚食以當肉
右四味和勻夏月水冬日湯隨意飲之鶴林玉露
一味長生飲，蘇東坡云無事靜坐一日似兩日若
處此生常似今日得年七十便是百四十歲人世
間何物能有此效既無反惡又省藥錢此方人人
收得者無好湯使多嚥不下
靜坐一味
過便行之或止觀或納息任意　胡若溪云予遠

蹇選調四十年在官日少在家日多固知靜坐之味第尚平婚嫁之志未畢韓愈啼號之患方劇正無好湯使嚥不下也詩林廣記

六味治目方　積勞致目眚者閉目養神去囂習靜專修止觀不用藥攻昔晉范武子常患目病就中書侍郎張湛求方湛因嘲之曰古方宋陽里子授魯東門伯東門伯授左丘明丘明遂世世相傳及漢杜子夏鄭康成魏高堂隆晉左太冲並有目疾得此方而愈

損讀書一　減思慮二　專內視三

簡外緣四　且晚起五　夜早眠六

六味熬以神火下以氣簁蘊於胸中七日然後納諸方寸修之一時近能數其睫遠視尺捶之餘長服不已洞見牆壁之外非但明目乃亦延年吳一子自

排齋記評

無比逍遙湯　治倫理難醫之証

寧耐一個　糊塗一個　學聾一個

正經三分　痴呆七分

和匀用感化湯下如前証未便即愈再加逍遥一味服之呂新吾云心不必太分曉纔分曉便是糊塗陳眉公云留三分正經以度生七分痴呆以防死醫倫理之要藥也

四妙誠實丹　專治拾人唆嘱附人聲響聽人蔟使希人意旨替人標榜及模稜兩可襲喋忿爭深情詭秘並皆治之

守口　防意　熟思　審處

四味用不語津蘸下久行不已自然真實不誑不

綺不兩舌不惡口功效難以盡述甘紫庭中丞言
責備覽云予既有不度德不中機之言深自省懺
集此書爲有言責者作指南無言責者進藥石在
罕布與其行慳有述毋寧遯世不見知也書凡四
十餘章予取其九以定方若兼誦六字經九字經
自能守口如瓶防意如城熟思審處無諂無驕矣
六字經一曰恐二曰方便三曰依本分九字經曰
勿欺心勿妄想守廉耻

禪本草

禪味甘性涼安心臟祛邪氣闢壅滯通血脈清神益志駐顏色除熱惱去穢惡善解諸毒能調衆病藥生人間但有小大皮肉骨髓精麤之異獲其精者爲良故凡聖尊卑悉能療之餘者多於叢林中吟風咏月世有徒輩多採聲敎爲藥食者悞人性命幽通顯寄非證者莫識不假修煉炮製一服脫其苦惱如縛發解其功若神令人長壽故佛祖以此藥療一切衆生病號大醫王若世明燈破諸執暗所慮迷亂幽蔽不信病在膏肓妄染鬼神流浪生死者不可救焉傷哉

製炮炙論

湛堂準禪師與雅公爲法門昆仲，因雅師述禪本草，乃製炮炙論佐之

人欲延年長生絶諸病者，先熟覽禪本草，若不覩禪本草，則不知藥之温良，不辨藥之真假，而又不諳何州何縣所出者最良，既不能窮其本末，豈悟藥之體性耶。近世有一種不讀禪本草者，即將杜漏藍作綿州附子，往往見面孔相似，便以爲是，苦哉苦哉。不惟自悞，兼悞他人，故使之學醫者一人傳虚，萬人傳實

擾擾逐其末而不知安樂返本之源日月浸久橫病
生焉漸攻四肢而害圓明常樂之體自旦及暮不能
安席遂至膏肓枉喪身命者多矣良由初學麤心師
授鹵莽不觀禪本草之過也若克依此書明藥之體
性又須解如法炮製蓋炮製之法先須選其精絕者
以法水洗淨去人我葉除無明根兼入還刀向三平
等砧碎剉用性眞火微焙之入四無量臼舉八金剛
杵杵八萬四千下以大悲千手眼篩篩之然後成塵
塵三昧煉十波羅蜜爲圓不拘時候煎一念相應湯

下前三三圓後三三圓除八風二一見外別無所忌此藥功驗不可盡言服者方知此藥深遠之力非世間方書所載後之學醫上流試取禪本草覯之然後依𠪺炮製合而服之其功力蓋不淺也

艾觀第二

諱疾忌醫醫走艾棄疾於是乎不瘳矣準釋氏例

搜十六病作艾觀

龍統肝腸向人披歷　誰能信諒

喫緊婆心對不信人　誰不增疑

卒爾任事不知引避　誰不怨咎

不解偏私從彼徵逐　以我為餌

君子行義責備小人　好沒要緊

險詖側媚不能敬遠　終落圈套

聽言觀行全不究心　終被瞞弄

聽信膚愬代彼報復　着甚來由

密事漏泄幾敗乃公　攬禍招尤

奸謀踈畧十事九寮　自誤自家

道聽塗說自貽伊慼　惹人駁詰

妄自標致擬倫勝己　秤尺在人

拒諫飾非致人指摘　終難開導

議論含糊依違枝蔓　善於託故

但務儉嗇遂致徒費　失却便宜

好尚互異强齊已論　　自攸自家

蘧公年五十而知四十九之非是武公年九十而思黃髮老之箴規予齒乖六十有七尚不知六十六年之猶未是也昏役無記豈不虛生方蘧太遲比武不早龐居士曰但願空諸所有切弗實諸所無吾以此爲觀察之資屠幽寥記

幽寥每爲親故居間而兩家各以軒輊不付彼懷不得者固不德而得者亦不德十六觀乃其自艾自破歎和尚於十六觀下各加一轉語亦沒要緊

僧弘恐不辱識

藥鏡第三

予嘗衰遲之齒而有不慧之病歷述自恕自治自

慰各六事入藥鏡

才劣識暗不能料事　恕老駁

疑滯少斷不能處事　恕老頹

勢微力綿不能濟事　恕老朽

口訥性忘不能談事　恕老邁

神疲步蹇不能趨事　恕老鈍

拯困扶危不能應事　恕老匱

老戒徵逐宜斷緣簡事君子愛人毋强所不能按楊鐵崖常居小蓬臺不下樓自榜其門曰客至不下樓恕老懶見客不荅禮恕老病客問事不對恕老默發言無引避恕老迂飲酒不輟樂恕老狂予演之亦以自恕

解紛無策終致兩怨　病不智

處事多忤勞而無功　病不思

遇事輒發佻易辯急　病不忍

直言匡捄不遠嫌疑　病自信

倉卒應事爲人所欺　病不疑
義形於色終致齟齬　病不量
老坐茲病宜見機明決與我同志須治所已病按劉
道原能自攻其失捫蝨新語取其近似者自攻予
亦取其似者以自攻云
按節數時猶能記事　慰老圖
讎方校石猶能親事　慰老病
考詞度曲猶能擅事　慰老景
薰爐茗椀猶能給事　慰老閒

月尊星酌猶能敘事　慰老談

釆眞幽討猶能從事　慰老致

老棲林壑毋廢時失事有客同好幸衆所可能按周朗曰巖中山木時華月深池上海藻歲榮日蔓室間軒左、幸有陳書座閣與右頗得宿酒按絃拭徽、讎方校石時復陳局露初員爵星曉歡然不覺似羲軒後也、予又倣之、亦以自慰、

卻病第四

衆生八苦病居其一愚者以苦生苦如蠶作繭智者以苦滅苦如鳥脫籠我佛慈悲開示凡夫四百四病盡從顛倒妄見所生真直截痛快哉衆生障深難即解脫茲方便法門爲長生第一方武林吳伯霖識

病有十可卻

靜觀四大原從假合

造物勞我以生遇病稍閒反生慶幸

常將不如我者巧自寬慰

宿業現前不可迯避歡喜領受

室家和睦無交謫之言

煩惱現前以死譬之

衆生各病根常自觀察克治

與竹石魚鳥相親悠然自得畔援歆羨一念不生

飲食寧少無多起居寧適無强

覓高明親友講說開懷出世之語

病有十不可治

縱恣慆淫不自珍重

窘若拘囚無瀟洒之趣

怨天尤人廣生懊惱

今日預愁明日一年營計百年

室人聒噪耳目盡成荆棘

聽信師巫禱賽廣行殺戮

寢興不適飲食無度

多服湯藥盪腸胃元氣漸耗

諱疾忌醫使寒熱虛實妄投

以死爲苦與六親眷屬常生難割難捨之想

佛爲大醫王起死人而肉白骨從此方便門觀悟

沉痼霍然矣屠幽寥識

視履約

甬上屠本畯

會有不赴者宜赴者時有不出者宜出者事有不行者有可却者景有宜賞者列爲視履考祥。

會有九不赴

喪家題主　請酒望答　鄉飲酒席

酒席誇張　華筵特設　不尙古風

苛責小禮　非義相干　勢要在位

會有六宜赴

幽客相期　高僧相約　韻士坐邀

勝地相游　尊長相呼　知己患難

晴有八不出

遁情客至　赤道挾交　術士持書

路遠乏輿　強要紹介　私觧不從

大寒大雨　公行請託

晴有六宜出

天街月明　長林雪霽　園苑看花

郭外踏青　高僧講經　里中賽社

事有八不宜

貴客上官不宜接　買游書札不宜修

貨物時價不宜談　評人短長不宜和

不在社會不宜預　有司得失不宜詢

諸人以事不宜輕　作罷書鄙不宜許

事有十二可郤

塗几研　損筆墨　指揩書畫

不信仙佛及惡人說　摘花香

翻亂人書籍柬帖祕笥　無情談笑

倒弄香灰　間斷妙言　談忌長

唾不擇地

喜說仕宦陞降關訟閨幃沒要緊事

景有六宜賞

晴夏晚雲　春雪未消　清流急湍

瓶花燦爛　斗室清談　稚童度曲

會有宜赴而不赴者謂之怪誕時有宜出而不出者謂之鄙陋事有宜謝而不謝者謂之醉生景有宜賞而不賞者謂之夢死怪誕也鄙陋也醉生也

一夢死也非吾藥籠中物矣

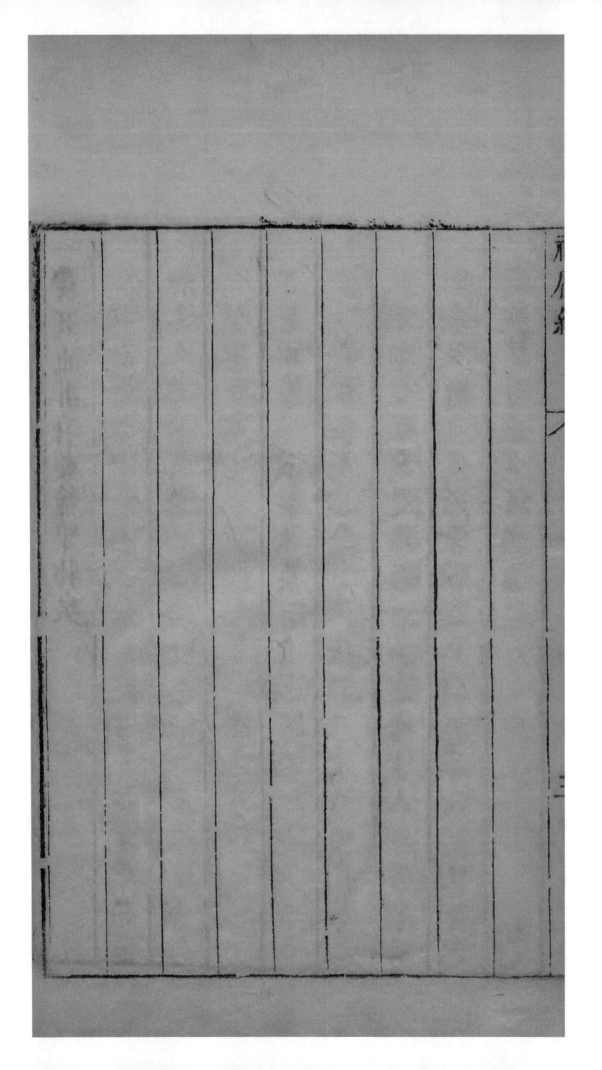

食觀

涪翁五觀坡翁三養誠終食之不可違也因拈出

座右既取自銘併以示客

涪翁五觀

一曰計功多少量彼來處

此食墾植收穫舂磨淘汰炊煮乃成用功甚多何況殺害生靈爲巳滋味一人之食十人作勞家居則食父母心力所營縱是巳財亦承餘蔭仕宦則食民之膏血大不可言

二曰忖己德行全缺應供

始于事親中于事君終于立身全此三者應受供

養無愧缺則己否當愧耻不敢盡味

三曰防心爲過貪等爲宗

於上味食務遠物而求難得是之謂貪於下味食

起恚怒以口腹之故鞭朴人是之謂嗔食不過充

饑而求食前方丈是之謂痴若于食無求飽離此

過也

四曰正事良藥爲療形苦

五穀五蔬以養人魚肉以養老形苦者饑渴爲主
病四百四病爲客病故須食爲醫藥以自扶持是
故知足者舉箸常如服藥
五曰爲成道業方受此食
君子無終食之間違仁先結款狀然後受食既食
不可怠于道業

坡翁三養

東坡居士自今日已往不過一爵一肉有尊客盛饌
則三之可損不可增有召我者預以此先之主人不

從而過是者乃止一曰安分以養福二曰寬胃以養氣三曰省費以養財元符三年八月

酒醫

余性不飲喜看人飲席間惡態往往而遇安之耳

高君揭酒醫十八事因廣八十四事分畏猥二品

畏品四十二事

好做身分屢速不至　隱匿年齒固遜坐位

初筵退託將撤不休　持杯在手到口復置

逢人訴窮竟席不歡　偶語不歇獻酬都忘

愛人尊令令人令不尊　醉必佯狂揀人罵坐

辨論是非辭起滿堂　峨冠御席爭執禮法

自己興盡便起身　福祿壽令專屬一人

痛惡他人捏訴席上　分曹行令越俎攙預

推算貨殖不暇舉杯　醒務木訥辭轉嘮嘈

誇將勢利滿戶詡榮　好講中許剌剌不倦

席間傍爽賓主不禮　行令意怒背譌一杯

心屬一人四座不顧　奪席迸談傍若無人

有心使令務為支離　正襟危坐儼若木雕

據案橫肱恣意饕餮　人杯我觔人觔我杯

啖肉不盡仍置原豆　初令不禮令到方問

童僕林立羅綺揚揚　席邊吐酒四坐憎厭
拳勝驕矜輸不引服　調弄醉客如挈傀儡
慣序家勢流水不停　陡起風波彼倡此和
苦罰苛求逞私行報　嫌餚麤糲筋不霑唇
王席謙卑客坐傲岸　甫別杯斝輒肆訕誚
頻溢鰓擺舌翻名理　屢講詩文不知忌止
裸形露頂豕飲狼餐　坐逢俊秀專挾市交

猥品四十二事

筯不少停全無遜讓　多方推故還責輒飲

對語未竟轉換左右　心事發洩托醉斷聯
强人歌唱及唱不聽　講說遷除杯酌俱廢
頻囑寵倖防人調戲　誘人犯令袖手旁觀
市語絮叨噴沫滿案　不論生熟一味諧謔
附耳囁語起坐無常　觴政繁苛始終屢變
知人量淺故罰深杯　不知音律妄加褒貶
志在侑主過饌必爽　曲無腔板倚醉號呶
行令必差屢提不記　恣意狼籍盆案淋漓
求人寄杯索還動氣　憎嫌他饌自携供具

對妓調情醜態畢露　撾果授僕苦眼鋪眉

容僕拳談全不禁止　勸人媚竈多方引喻

戀席撾物不揀精麤　席上取果喫一袖二

飲不擇酒全無風味　說持兩可溤無可否

敲案搥拳自擬豪舉　引人酒瘋助巳興趣

做色漏馬别生枝蔓　餖飣珍羞專倿一人

盛列膏粱不尚蔬食　誇耀小品物物精嬍

草具酸溲遞相苦勸　過為趍承反惹不歡

提昏責政不遵紀律　不揣可否一味唯唯

道聽塗說宛如親覩　專打瞌睡不顧賓主
心本貪杯故意犯令　强作知音亂敲檀板
觴政酒纂皆酒人之事山澤所宜施于軒冕陋矣
行于闤闠左矣授于高華駭矣戒慎旃哉戒慎旃
哉屠田叔跋

模世語

雲間陳繼儒

一生都是命安排　求甚麼
今日不知明日事　愁甚麼
不禮爹娘禮世尊　敬甚麼
弟兄姊妹皆同氣　爭甚麼
榮華富貴眼前花　傲甚麼
兒孫自有兒孫福　憂甚麼
奴僕也是爹娘生　凌甚麼

當官若不行方便　做甚麼
公門裏面好修行　兇甚麼
刀筆殺人終自殺　刁甚麼
舉頭三尺有神明　欺甚麼
文章自古無憑據　誇甚麼
他家富貴前生定　妬甚麼
前世不修今受苦　怨甚麼
豈可人無得運時　急甚麼
人世難逢開口笑　苦甚麼

補破遮寒暖即休　攞甚麼

纔過三寸成何物　饞甚麼

死後一文將不去　慳甚麼

前人田地後人收　占甚麼

聰明反被聰明誤　巧甚麼

虛言折盡平生福　謊甚麼

是非到底自分明　辨甚麼

暗裏催君骨髓枯　淫甚麼

鬭賭之人沒下稍　耍甚麼

治家勤儉勝求人　奢甚麼

人爭閑氣一場空　惱甚麼

惡人自有惡人磨　憎甚麼

寃寃相報幾時休　結甚麼

人生何處不相逢　狠甚麼

世事真如一局棋　算甚麼

誰人保得常無事　誚甚麼

穴在人心不在山　謀甚麼

挾嫌是禍饒人福　卜甚麼

一日無常萬事休　怕甚麽
得便宜處失便宜　貪甚麽

大藏治病藥

唐　靈澈

大藏經曰救災解難不如防之爲易療疾治病不如避之爲吉今人見左不務防之而務救之不務避之而務藥之譬之有君者不思勵治以求安有身者不能保養以全壽是以聖人求福於未兆絕禍於未萌蓋災生於稍稍病起於微微人以小善爲無益而不爲以小惡爲無損而不改孰知小善不積大德不成小惡不止人禍立至故太上特指心病要目百行以

爲病者之鑑人能靜坐持照察病有無心病心醫治以心藥奚伺盧扁以瘳厥疾無使病積於中傾潰莫遏蕭墻禍起恐非金石草木可攻所爲長年因無病故智者勉焉

喜怒偏執是一病　亡義取利是一病

好色壞德是一病　專心係愛是一病

憎欲無理是一病　縱貪蔽過是一病

毀人自譽是一病　擅變自可是一病

輕口喜言是一病　快意逐非是一病

以智輕人是一病
乘權縱橫是一病
非人自是是一病
侮易孤寡是一病
以力勝人是一病
威勢自脅是一病
語欲勝人是一病
貨不念償是一病
曲人自直是一病
以直傷人是一病
與惡人交是一病
喜怒自伐是一病
愚人自賢是一病
以功自矜是一病
誹議名賢是一病
以勞自怨是一病
以虛爲實是一病
喜說人過是一病

以富驕人是一病　以賤詘貴是一病

讒人求媚是一病　以德自顯是一病

以貴輕人是一病　以貧妬富是一病

敗人成功是一病　以私亂公是一病

好自掩飾是一病　危人自安是一病

陰陽嫉妬是一病　激厲旁悖是一病

多憎少愛是一病　堅執爭鬭是一病

推負著人是一病　文拒鉤錫是一病

持人長短是一病　假人自信是一病

施人望報是一病　無施責人是一病
與人追悔是一病　好自怨憎是一病
好殺蟲畜是一病　蠱道厭人是一病
毀訾高才是一病　憎人勝己是一病
毒藥酖飲是一病　心不平等是一病
以賢嘖嗃是一病　追念舊惡是一病
不受諫諭是一病　内疎外親是一病
投書敗人是一病　笑愚痴人是一病
煩苛輕躁是一病　擿捶無理是一病

好自作正是一病　多疑少信是一病
笑顛狂人是一病　蹲踞無禮是一病
醜言惡語是一病　輕慢老少是一病
惡態醜對是一病　丁戾自用是一病
好喜嗜笑是一病　當權任性是一病
詭譎諛諂是一病　嗜得懷詐是一病
兩舌無信是一病　乘酒凶橫是一病
罵詈風雨是一病　惡言好殺是一病
教人墮胎是一病　干預人事是一病

鑽穴窺人是一病　不借懷怨是一病

負債逃走是一病　背向異詞是一病

喜抵捍戾是一病　調戲必固是一病

故迷悞人是一病　探巢破卵是一病

驚胎損形是一病　水火敗傷是一病

笑盲聾啞是一病　亂人嫁娶是一病

教人播擿是一病　教人作惡是一病

含禍離愛是一病　唱禍道非是一病

見貨欲得是一病　强奪人物是一病

此爲百病也人能一念除此百病日逐點檢使一病不作決無災害痛苦煩惱凶危不惟自己保命延年子孫百世永受其福矣

大藏經曰古之聖人其爲善也無小而不崇其于惡也無微而不改改惡崇善是藥餌也錄所謂百藥以治之

思無邪僻是一藥　行寬心和是一藥

動靜有禮是一藥　起居有度是一藥

近德遠色是一藥　清心寡慾是一藥

推分引義是一藥　不取非分是一藥
雖憎猶愛是一藥　心無嫉妒是一藥
教化愚頑是一藥　諫正邪亂是一藥
戒敕惡僕是一藥　開導迷誤是一藥
扶接老幼是一藥　心無狡詐是一藥
拔禍濟難是一藥　常行方便是一藥
憐孤恤寡是一藥　矜貧救厄是一藥
位高下士是一藥　語言謙遜是一藥
不負宿債是一藥　愍慰篤信是一藥

敬愛卑微是一藥　語言端慤是一藥

推直引曲是一藥　不爭是非是一藥

逢侵不鄙是一藥　受辱能忍是一藥

揚善隱惡是一藥　推好取醜是一藥

與多取少是一藥　稱歎賢良是一藥

見賢內省是一藥　不自誇彰是一藥

推功引善是一藥　不自伐善是一藥

不掩人功是一藥　勞苦不恨是一藥

懷誠抱信是一藥　覆蔽陰惡是一藥

崇尚勝己是一藥　安貧自樂是一藥
不自尊大是一藥　好成人功是一藥
不好陰謀是一藥　得失不形是一藥
積德樹恩是一藥　生不罵詈是一藥
不評論人是一藥　甜言美語是一藥
災病自咎是一藥　惡不歸人是一藥
施不望報是一藥　不殺生命是一藥
心平氣和是一藥　不忌人美是一藥
心靜意定是一藥　不念舊惡是一藥

匡邪弼惡是一藥　聽教伏善是一藥

忿怒能制是一藥　不干求人是一藥

無思無慮是一藥　尊奉高年是一藥

對人恭肅是一藥　內修孝悌是一藥

恬靜守分是一藥　和悅妻孥是一藥

以食飲人是一藥　助修善事是一藥

樂天知命是一藥　遠嫌避疑是一藥

寬舒大度是一藥　敬信經典是一藥

息心抱道是一藥　爲善不倦是一藥

濟度貧窮是一藥　捨藥救疾是一藥
信禮神佛是一藥　知機知足是一藥
淸閑無慾是一藥　仁慈謙愛是一藥
好生惡殺是一藥　不寶厚藏是一藥
不犯禁忌是一藥　節儉守中是一藥
謙已下人是一藥　隨事不慢是一藥
喜談人德是一藥　不造妄語是一藥
貴能援人是一藥　富能救人是一藥
不尙爭鬭是一藥　不淫妓靑是一藥

不生奸盜是一藥　不懷咒厭是一藥

不樂詞訟是一藥　扶老挈幼是一藥

此爲百藥也人有疾病皆因過惡陰掩不見故應以疾病因緣飲食風寒惡氣而起由人犯違聖教以致魂迷魄喪不在形中肌體空虛精氣不守故風寒惡氣得以中之是以有德者雖處幽闇不敢爲非雖居榮祿不敢爲惡量體而衣隨分而食雖富且貴不敢恣欲雖貧且賤不敢爲非是以外無殘暴内無疾病也吾人可不以百病自究以百藥自治養吾天和一

吾心志作者年壽之地也哉

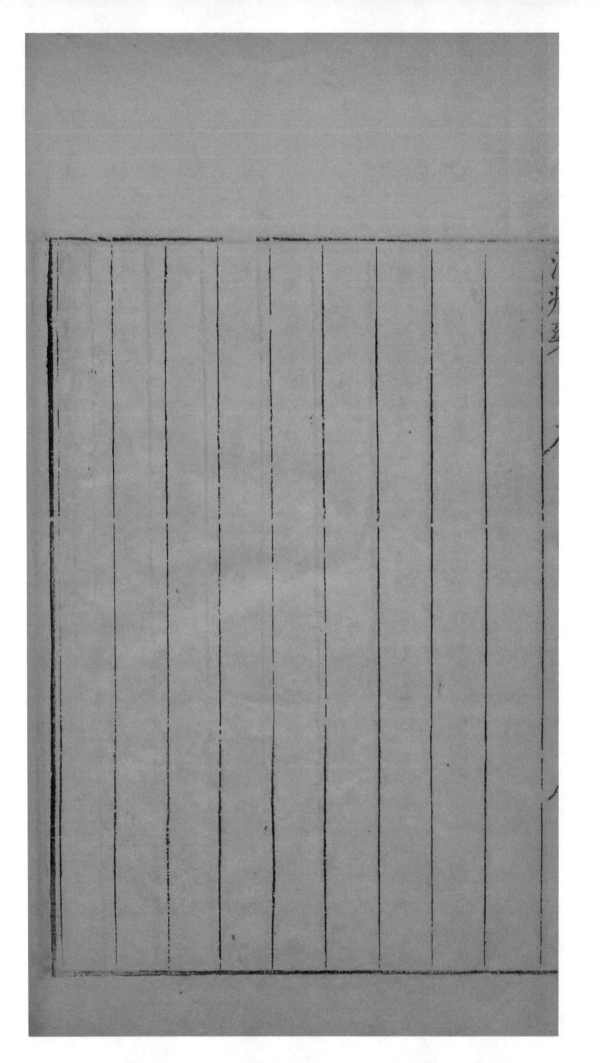

論相

吳處厚論

心相有三十六善焚香讀書一也有剛有柔二也慕善近君子三也安分知命四也不近小人五也委曲行陰德方便事六也能治家七也不賑人乞覓八也改過九也不逐淫貪殺十也閙事不驚張十一也與人期不失信十二也不改行易操十三也夜臥不便睡着馬上去不回頭十四也無作好作惡十五也不譚亂十六也不譚閨閫事十七也作事周匝十八也

不忘人恩十九也有大量二十也揚善掩惡二十一也急難中濟人寬慰人二十二也不助强欺弱二十三也不忘故舊二十四也爲事與衆用之二十五也知人詐僞含容之二十六也得人物毋事慚愧二十七也語有序二十八也當人語次不先起二十九也喜言善事三十也不嫌惡衣食三十一也不面訐人三十二也省約借福三十三也知人饑渴勞苦三十四也不念舊惡三十五也常思退步結果三十六也全者福祿令終不全福祿半之故相形不如相心求

人相不如自相

詩林 六

論陽宅

空青先生

宅有三十六祥居家尚理義一也子孫耕讀二也儉勤三也無峻宇雕墻四也六婆不入門五也無俊僕六也每聞紡織七也能睦鄰族八也早完官稅九也庭除洒掃十也門外多士君子十一也閨門嚴肅十二也尊師重醫十三也宴客有節無長夜之飲十四也不延妓女至家十五也不敢暴殄天物十六也居喪循禮十七也交易分明十八也女人不登山入廟

十九也祭祀必恭必敬二十也幼者舉動禀命于家
長二十一也故舊窮親在座二十二也囑人謙婉二
十三也家僮無鮮衣惡習二十四也不喜爭訟二十
五也不信禱賽二十六也不聽婦人言二十七也寢
興以時二十八也不聞嬉笑駡詈二十九也婚娶不
慕勢利三十也田宅不求方圓三十一也主人有先
幾遠慮三十二也務養元氣三十三也座右多格言
莊語三十四也能忍三十五也常畏清議畏法度畏
陰騭三十六也右三十六祥全者鬼神福之子孫保

之不然下手速修所謂移門換向趨吉避凶之真訣

也

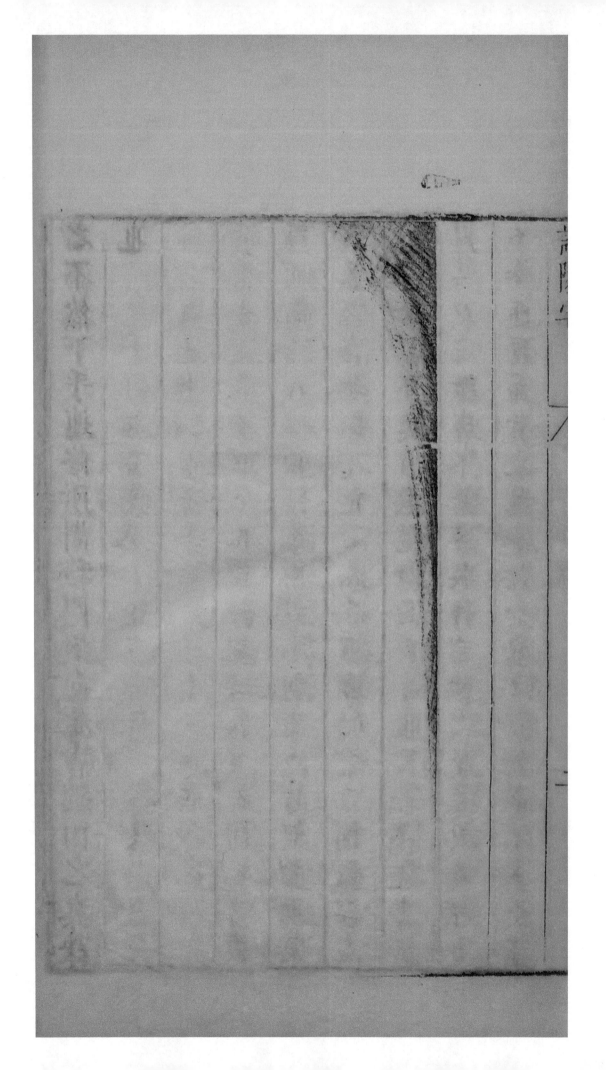

淮海秦氏

人與物同

貪生畏死人與物同也愛戀親屬人與物同也當殺戮而痛苦人與物同也所以不同者人有知物則無知人能言物則不能言人之力強物之力則微弱人以其無智不能自蔽其身以其不能言而不能告訴以其力之微弱不能勝我因謂物之受生與我輕重不等遂殺而食之凡一飲一食不得肉則不美至于

辦一食又不止殺一物也食鳩鴿鶴雀者殺十餘命方得一羹食蚌蛤蝦蜆者殺百餘命方得一羹又有好美味求適意者則不止據現在之物順平常之理殺而食之或驅役奴隸遠致異品或畜養雞魚犬豕擇肥而旋殺生蟹投糟欲其味入鯁魚造膾欲有經紋聚炭燒蚌環火逼羊開腹取胎刺喉瀝血作計烹煎巧意鬪衒食之旣飽則揚揚自得少不如意則怒罵庖者嗟乎染習成俗見聞久慣以爲飲食合當如此而不以爲怪深思痛念良可驚懼

衆生愛戀性命

經云一切畏刀杖無不愛壽命故王克殺羊羊奔客而告訴鄒文立殺鹿鹿跪而流淚驚禽投案請命于魏若窮獸入廬求生于區氏近者沈遘內翰通判江寧府時厨中殺羊屢失其刀窺之乃見羊銜刀而藏之墻下周豫學士嘗煮鱔見有鞠身向上而以首尾就湯者剖之見腹中有子乃知鞠身避湯者以愛子之故楊傑提刑遊明州育王山因晝卧夢有婦女十數人執紙若有所訴寤遣人往視行厨果得蛤蜊十

數枚訴者乃蛤蜊求生也有生愛戀其情如此當其
被擒執時前見刀杖乞生無由旁見親聚欲戀不得
抱苦就終銜悲向盡旣受屠割復入鼎鑊種種痛苦
徹入骨髓當此之時彼心如何今人或爲湯火所傷
或爲針刀誤傷手足痛巳難忍必號呌求救至暫時
頭昏腹痛或小可疾病便須呼醫買藥百端救療於
我自身愛惜如此至于殺物則恣意屠宰不生憐憫
未論佛法明有戒勸未論天理明有報應若不仁不
恕唯知愛身不知愛物亦非君子長者之所當爲也

諦觀物情當念衆生不可不戒

活蟻魁天下

二宋少時同在黌舍有胡僧相之曰小宋他日魁天下大宋亦不失甲科後十年胡僧復至執大宋手而驚曰公陰德文見于面如活數百萬人命者大宋笑曰寒儒豈能活人命僧曰不然蠢動之物皆命也大宋沉吟久之曰旬日前堂下有蟻穴爲暴雨所侵群蟻繚繞穴傍戲編竹橋以渡之僧曰是也小宋今歲當首捷然公不出小宋之下比唱名第小宋果中魁

選章憲太后臨朝謂弟不可先兄乃以大宋郊爲第
一小宋祁爲第十

黄承事儲穀濟人

尚書張詠守成都嘗夜夢詣紫府眞君繼請到西門
黄承事眞君降階接之其禮甚恭揖張尚書坐承事
之下夢覺莫知所謂明日問左右西門有黄承事否
左右云有命召之戒令具常服來旣至果如夢中見
者卽以所夢告之問平生有何陰德眞君禮遇如此
又坐吾上再三叩之不獲已承事云别無他長惟每

歲收成之時隨意出錢收糴米糧候至來年新陳未接之際糶與細民價例不增升斗如故尚書嘆曰此宜居我之上也使兩吏掖之而拜世傳紫府真君主天下神仙籍如張尚書黃承事亦皆在籍中而黃承事又居其上其子孫青紫不絕非賑濟陰德之大者所致然邪

受用隨分說

佛言受即是空受謂受苦受樂及一切受用也如食列數味放筯即空出多騶從既到即空終日遊觀既

歸卽空又如爲善事既畢其勤勞卽空而善業具在爲惡事既畢其快意卽空而惡業具在若深悟此理則食可非薄無過用殺害之冤債出可隨分無勞心苦人之煩惱遊觀可息無放蕩廢事之愆尤善可勉爲無懈息因循之失惡可力戒無恣縱怨仇之罪余喜得此理願欲與人共之

讀人爲惡

丹陽縣令楊開性暴橫果于決責與門下客楊詢究相得每事必以訪詢詢明知其非不敢有所忤意但

一切讚嘆盛美而已開一日乘怒盛暑中杖公吏及因繫者四十餘人二人死詢猶盛稱其快後詢蒙至一處金紫者譴之曰成楊開之惡者汝也楊開之罪當坐于汝無所逃也不數日果中惡疾而斃

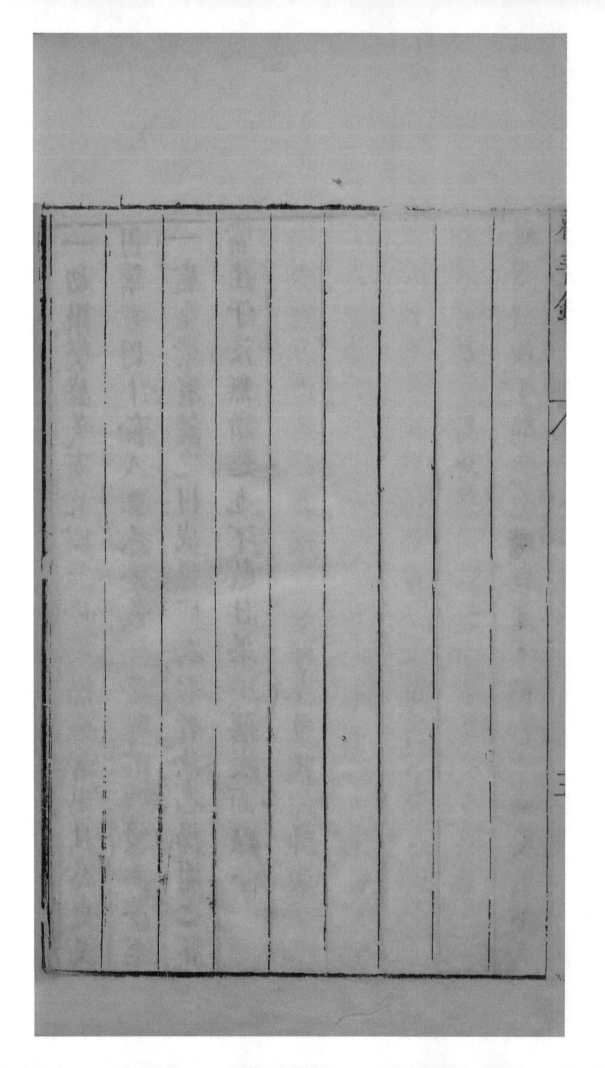

辨惑論

宋 謝廷芳

死生 疫癘 鬼神 祭祀 淫祀 妖恠

巫覡 卜筮 治喪 擇葬 相法 祿命

方位 時日 異端 老莊 佛氏 神仙

方士

死生

論語曰死生有命

伯牛有疾子問之自牖執其手曰亡之命矣夫斯人

也而有斯疾也斯人也而有斯疾也
孟子曰天壽不貳修身以俟之所以立命也
莫非命也順受其正是故知命者不立于巖牆之下
盡其道而死者正命也桎梏死者非正命也
荀子曰相命已定鬼神不移
生人之始也死人之終也始終俱善人道畢矣
家語云命者性之始死者生之終有始則有終也

疫癘

世俗以疾咎鬼神者衆矣至疫氣流行則曰有主疾

之神家至而尸守之妖由巫興互相煽惑是故病疫
之家人皆惴惴焉無敢踵其門而問者甚而父子兄
弟亦不相救傷風敗俗莫甚于斯故述此于死生之
後以曉之

鬼神

北溪陳先生曰鬼神一節說話甚長本意作一項論
又以古人祭祀作一項論又以後世淫祀作一項論
又以後世妖怪作一項論旨哉斯言苟不先述古人
所謂鬼神祭祀之說則其理不明不述後世淫祀妖

惟之說則又何以窮世俗之疑邪

子路問事鬼神子曰未能事人焉能事鬼

禮記曰明則有禮樂幽則有鬼神

宰我曰吾聞鬼神之名不知其所謂子曰氣也神之盛也魂也者鬼之與神教之至也衆生必死死必歸土此之謂鬼骨肉斃于下陰爲野土其氣發揚于上爲昭明焄蒿悽愴此百物之精也神之著也

鬼神之爲德其盛矣乎視之而弗見聽之而弗聞體物而不可遺使天下之民齋明盛服以承祭祀洋洋

乎如在其上如在其左右
鬼神者二氣之良能也
釋氏道家之論鬼神可笑之尤者也

祭祀

予生長吳楚間每見邑里之人歲時蒸嘗皆非然食
飲而已至于山川鬼神妄言徼福動輒致大牲以祀
享之問之則曰名山大川禮所當祭其亦不思之甚
矣夫禮莫大于分今以一夫之微而欲僭王侯公卿
之祭其越分踰禮爲何如哉若是者不獲戾于鬼神

幸也況求福乎故愚采輯前言獨詳于上下之分祭告不同以破不知者之惑若夫籩豆之事則不盡錄

天子祭天地祭四方祭山川祭五祀歲徧士祭其先

夫聖王之制祭祀也法施于民則祀之以死勤事則祀之以勞定國則祀之能禦大菑則祀之能捍大患則祀之

淫祀[illegible]篇四

祭不欲數數[illegible]煩煩則不敬祭不欲疏疏則怠怠則忘淫祀之[illegible][illegible]有明訓有常慮愚俗惑之殊足爲怪

至學士大夫亦從而惑之斯可恠矣余自先人没卽以所事神影祀之以其非義故也大曆中大疫作母氏以及同産皆遭虐務求藥不事所禱旣而病者俱瘥予則無恙時鄰里從淫祀者適多斃于疫或以是頗嘆異之觀此亦可見淫祀之不足信孔子曰非其鬼而祭之諂也

禮記曰非其所祭而祭之名曰淫祀淫祀無福

妖恠

孔子不語恠今予有妖恠之事乃力言之何也誠以

俚俗相煽邪風盛行不得不辨知者或可少袪其惑矣

鄭厲公問申繻曰人猶有妖乎對曰人之所忌其氣燄以取之妖由人興人無釁焉妖不自作人棄常自妖興故有妖

王沂公作郡時訛言有帷物夜飛下食小兒者遠近相恐未昏則揵戶滅燭匿童稚以黄緒薰爐置門用爲厭勝公聞之戒徼巡之吏悉令屏去有爲先倡者捕而寘諸遂出于境民情遂安妖訛乃止

巫覡

予蚤歲見巫者爲親戚祀神吐鄙俚之詞徼漫滮之福輙羞赧去之既長即拒絕其人雖見之亦不爲禮嗚呼閭閻無知輩信而用之固無足責若夫士大夫亦信且惑焉能無愧乎苟欲正風俗息妖妄擯巫者不用其在大夫家始耳

西門豹爲鄴令問民所疾苦長老曰苦爲河伯娶婦豹曰至時幸來告吾及告豹往會河上見巫女數十人立大巫後豹呼河伯婦視之曰是女不好煩大巫

爲嫗投之河中有頃曰何久也弟子趣水久投三弟子豹曰巫嫗女子不能白事煩三君爲人白之復投三老河中良久欲使廷掾等人趣之皆叩頭流血乃免自是不復言河伯娶婦范氏曰夫惑鬼神聽巫覡者匹夫之愚也

卜筮

卜筮之說尚矣予但嫉夫今之卜筮者誣罔百端與古相戾無足取信如占疾苟能斷其安危決其吉凶可也今也必曰某神禍之某鬼祟之禱則生否則死

吁何其卦之間灼見鬼神如是耶其宅妖妄大率類
此予之所以不信者此也非謂無蓍龜之靈也曆傳
記遴見蹋集此篇與知者
書曰朕志先定詢謀僉同鬼神其依龜筮協從
易曰初筮告再三瀆瀆則不告
禮記曰人無恒不可以為卜筮
卜筮者先聖王所以使民信時日敬鬼神决嫌疑定
猶豫也
左傳曰卜以决疑不疑何卜

荀子曰日月食而救之天旱而雩卜筮而後决大事非其爲得求也以文之也

程子曰古者卜筮將以决疑也今之卜筮則不然計其命之窮通詰其身之達否而已噫亦惑矣

治喪

喪祭之廢久矣今流俗之弊有二而廢尤甚其一鋪張祭儀務爲觀美甚者破家蕩産以侈聲樂器玩之盛視其親之棺槨衣衾反若餘事也其二廣集浮屠大好作佛事甚者經旬踰月以及齋蓋布施之盛視

其衰麻哭踊反若虛文也斯二者非移害之甚者乎
然而祭義之設惟有力者能之若浮屠之事習以成
俗無有貧富貴賤之間否則人爭非之殊不知彼浮
屠之有識者猶以其事爲恥可不悟哉子游曰喪至
乎哀而止今也苟未能純用古禮必先去此二者之
弊以盡夫哀痛慘怛之實則禮惟不足不可以佛畔
于道

子游問喪具夫子曰稱家之有無子游曰有無惡乎
齊夫子曰有無適禮苟能斂手足還葬而封之豈有

非之者哉

擇葬

擇地以葬其親亦孝子慈孫之用心也但後世惑于風水之談往往多爲身謀使其親骨肉不得以時歸土又不若不擇之愈也今予首述前輩端確之論以破偏信者之惑後以考亭西山之言折衷之

相法

相形之術近世或有精之者然致遠恐泥君子不爲愚嘗觀聖賢亦自有觀人之法人特不察耳孔子曰

視其所以觀其所由察其所安人焉廋哉孟子曰眸子不能掩其惡胸中正則眸子瞭焉胸中不正則眸子眊焉聽其言也觀其眸子人焉廋哉聖賢觀之如此而已若夫死生禍福又豈顏貌間所能盡耶許負之書吾未之學乃所願則學孔孟

祿命

昔之人以陰陽五行推測祿命而知生死禍福亦間有奇中者矣論其拘泥又不啻如相法焉若今之泥泥售其術者尤不足信知命君子何以惑爲愚嘗謂

聖賢知人死生禍福而非陰陽五行之術也孔子曰由也不得其死其累戰歿于衛孟子曰死矣盆成括未幾見殺于齊蓋由也行行有不得其死之理括也小有才未聞君子之大道有足以殺其軀之理雖當時亦有獲免聖賢之言猶信也然則學者亦當如此而已祿命之書雖或億中何足信哉

方位

方位細事也然庸巫謬卜從而神之禁忌百端祈禳無已甚爲愚俗

時日

夫內事用柔日外事用剛日者聖人順陰陽之理初不以死生榮辱貧賤富貴之類一皆繫乎年月日時之吉凶而使人拘拘焉擇而用之孟子曰天時不如地利地利不如人和舉一物而天下之物莫不皆然亦盡乎人事而已夫時日者何足泥哉

異端

古之爲異端邪說者衆矣若老莊仙佛之流自秦漢以來惑世尤甚故特舉此而詳其說餘不盡述也先

正有言曰邪說害正人人得而攻之不必聖賢如春秋之法亂臣賊子人人得而討之不必士師吾于此亦云

老莊

楊子曰老子之言道德吾有取焉耳及搥提仁義絕滅禮樂吾無取焉耳又或問莊周有取乎曰少欲鄒衍有取乎曰自持至周罔君臣之義衍無知于天地之間雖鄰不覿也

佛氏

或問佛之理比孔子爲徑先生曰天下果有徑理則仲尼豈欲使學者迂遠而難至乎故外仲尼之道而由徑則是冒險阻犯荆棘而已

或者曰佛之意亦欲引人爲善豈不有助于世而闢之深耶應之曰善無惡之稱也世之無父無君者惡乎善乎

神仙

或問長生神仙之道文中子曰仁義不修孝弟不立奚爲長生甚矣人之無厭也

方士

至元間方士請煉大丹世祖勅中書供給所需平章政事廉希憲奏曰前世人主多爲方士誑惑堯舜得壽不假靈于大丹也上曰然巳

居家必備

三

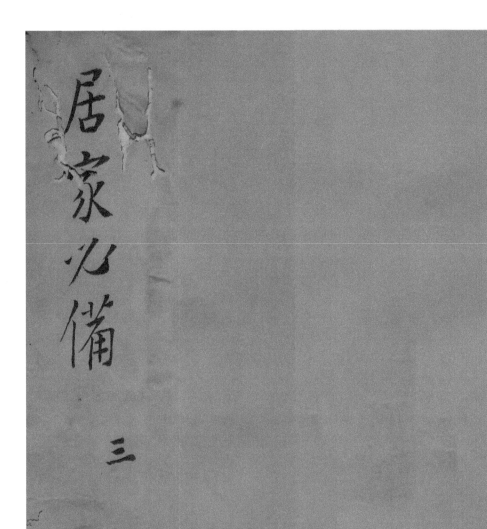

居家必備卷三

治生上

齊民要術

種樹書

種果疏

種藥疏

瓜蔬疏

稻品

耒耜經

養蠶經

納猫經

養魚經

田牧志

齊民要術

後魏賈思勰

耕田

凡耕高下田不問春秋必須燥濕得所爲佳若水旱不調寧燥不濕春耕尋手勞秋耕待白背勞凡秋耕欲深春夏欲淺犂欲廉勞欲再秋耕稀青者爲上初耕欲深轉地欲淺菅茅之地宜縱牛羊踐之七月耕之則死凡美田之法綠豆爲上小豆胡麻次之悉皆五六月中穊種七月八月犂稀殺之爲春穀田則畝

收十石其美與蠶矢熟糞同凡秋收之後牛力弱未及即秋耕者穀黍穄粱秫茇之下即移羸速鋒之也恒潤澤而不堅硬乃至冬初常得耕勞不患枯旱若牛力少者但九月十月一勞之至春穡種亦得

收種

凡五穀種子浥鬱則不生生者亦尋死種雜者禾則早晚不均舂復減而難熟糶賣以雜糅見疵炊爨失生熟之節所以特宜存意不可徒然粟黍穄粱秫常歲歲別收選好穗純色者劁刈高懸之至春治取別

種以擬明年種子其別種種子嘗須加鋤先治而別埋還以所治襄草蔽窖將種前二十許日開出水洮即曬令燥種之依周官相地所宜而糞種之

種穀

凡穀成熟有早晚苗稈有高下收實有多少質性有弱強米味有美惡粒實有息耗地勢有良薄山澤有異宜順天時量地利則用力少而成功多任情返道勞而無獲凡穀田菉豆小豆底為上麻黍胡麻次之蕪菁大豆為下良地一畝用子五升薄地三升穀田

必須歲易二月三月種者爲稙禾四月五月種者爲
穉禾二月上旬及麻菩楊生種者爲上時三月上旬
及清明節桃始花爲中時四月上旬及棗葉生桑花
落爲下時歲道宜晚者五月六月初亦得凡春種欲
深宜曳重撻夏種欲淺直置自生凡種穀雨後爲佳
遇小雨宜接濕種遇大雨待薉生春若遇旱秋耕之
地得仰壟待雨夏若仰壟匪直盪汰不生兼與草薉
俱出凡田欲早晚相雜有閏之歲節氣近後宜晚田
然大率欲早早田倍多于晚苗生如馬耳則鏃鋤稀

豁之處鋤而補之凡五穀唯小鋤爲良良田率一尺
留一科薄地尋壠躡之苗出壠則深鋤鋤不厭數周
而復始勿以無草而暫停春鋤起地夏爲除草故春
鋤不用觸濕六月以後雖濕亦無嫌苗既出壠每一
經雨白背時輒以鐵齒鍋楱縱橫把而勞之苗高一
尺鋒之耩者非不壅本苗深殺草益實然令地堅硬
乏澤難耕鋤得五徧已上不須耩凡種欲牛遲緩行
種人令促步以足躡壟底熟速刈乾速積凡五穀大
判上旬種者全收中旬中收下旬下收

黍穄

黍者暑也種者必待暑先夏至二十日此時有雨彊土可種黍一畝三升黍心未生雨灌其心心傷無實黍心初生畏天露令兩人對持長索槩去其露日出乃止凡種黍覆土鋤治皆如禾法欲疎于禾

粱秫

粱秫並欲薄地而稀一畝用子三升半種與植穀同時燥濕之宜杷勞之法一同穀苗收刈欲晚

大豆

大豆保歲易爲宜古之所以備凶年也謹計家口數種大豆率人五畝此田之本也三月榆莢時有雨高田可種大豆土和無塊畝五升土不和則益之種大豆夏至後二十日尚可種戴甲而生不用深耕大豆須均而稀豆花憎見日見日則黃爛而根焦也穫豆之法莢黑而莖蒼輒收無疑其實將落反失之故曰豆熟于場于場穫豆即青莢在上黑莢在下

小豆

小豆不保歲難得椹黑時注雨種畝一升豆生布葉

鋤之生五六葉又鋤之大豆小豆不可盡治也古所以不盡治者豆生布葉豆有膏盡治之則傷膏傷則不成而民盡治故其收耗折也故曰豆不可盡治養美田畝可十石以薄田尚可畝取五石

種麻

凡種麻用白麻子麻欲得良田不用故墟地薄者糞之耕不厭熟田欲歲易良田一畝用子三升薄田二升夏至前十日為上時至日為中時至後十日為下時澤多者先漬麻子令芽生待他白背耬耩以擲子

空曳勞澤少者暫浸即出不得待芽生耧頭中下之
麻生數日中常驅雀布葉而鋤勃如灰便刈𦄃欲小
縛欲薄一宿輒翻之穫欲淨漚欲清水生熟合宜

大小麥

大小麥皆須五月六月暵地種大小麥先畤逐犁稀
種者佳其山田及剛强之地則耧下之凡耧種者匪
直土淺易生然于鋒鋤亦便穮麥非良地則不須種
八月中戊社前種者爲上時下戊前爲中時八月末
九月初爲下時小麥宜下種八月上戊社前爲上時

中戌前爲中時下戌前爲下時正月二月勞而鋤之三月四月鋒而更鋤令立秋前治訖蒿艾簞盛之良多種久居供食者宜作劁麥倒刈薄布順風放火火既着即以掃帚撲滅仍打之

水稻

稻無所緣唯歲易爲良選地欲近上流三月種者爲上時四月上旬爲中時中旬爲下時先放水十日後曳陸軸十遍地既熟淨淘種子漬經三宿漉出內草篅裹之若經三宿芽生長二分一畝三升擲三日之

中令人驅鳥苗長七八寸陳草復起以鐮侵水芟之草悉膿死稻苗漸長復須薅薅訖决去水曝根令堅量時水旱而溉之將熟又去水霜降穫之北土高原本無陂澤隨逐隈曲而田者二月氷解地乾燒而耕之仍即下水十日塊既散液持木斫平之納種如前法既生七八寸拔而栽之溉灌收刈一如前法畦畤大小無定須量地宜取水均而已藏稻必須用箪若于久居者亦如劁麥法春稻必須冬時積日燥曝一夜置霜露中即舂

旱稻

旱稻用下田白土勝黑土凡下田停水處燥則堅垎濕則汙泥難治而易荒墝埆而殺種其春耕者殺種尤甚故宜五六月暵之以擬穬麥麥時水潦不得納種者九月中復一轉至春種稻萬不失一

胡麻

胡麻宜白地種二三月爲上時四月上旬爲中時五月上旬爲下時種欲截雨脚一畝用子二升漫種者先以耬耩然後散子空曳勞耬耩者炒沙令燥中和

半之鋤不過三遍刈束欲小以五六束爲一叢斜倚之候口開乘車詣田斗藪還叢之三日一打四五遍乃盡耳

種瓜

區種瓜法六月雨後種菉豆八月中犂掩殺之十月又一轉即十月終種瓜率兩步爲一區坑大如盆口深五寸以土壅其畔如菜畦形坑底必令平正以足踏之令其保澤以瓜子大豆各十枚遍布坑中以糞五升覆之又以土一斗薄散糞上復以足微躡之冬

月大雪時速併力推雪于坑上爲大堆至春草生瓜亦生莖葉肥茂異于常者且常有潤澤旱亦無害五月瓜便熟

種冬瓜

種冬瓜法傍墻陰地作區圓二尺深五寸以熟糞及土相和正月晦日種既生以柴木倚墻令其緣上旱則澆之八月斷其梢減其實一本但存五六枚十月霜足收之削去皮子于芥子醬中或美豆醬中藏之佳

種茄子

種茄子法茄子九月熟時摘取擘破水淘子取沈者速曝乾裹置至二月畦種著四五葉雨時合泥移栽之十月種者如區種瓜法推雪著區中則不須栽其春種不作畦直如種凡瓜法者亦得唯須曉夜數澆耳大小如彈圓中生食味似小豆角

種瓠

法以三月耕良田十畝作區方深一尺以杵築之令可居澤相去一步區種四實蠶矢一斗與土糞合澆

之水二升所乾處復澆之著三實以馬箠㪔其心勿令蔓延多實

種芋

種芋宜擇肥緩土近水處和柔糞之二月注雨可種芋率二尺下一本芋生根欲深劚其旁以緩其土旱則澆之有草鋤之不厭數多治芋如此其收常倍

種葵

臨種時必燥曝葵子地不厭良故墟彌善薄即糞之葵生三葉然後澆之早種者必秋耕十月末地將凍

散子勞之人足踐踏之乃佳地釋即生鋤不厭數五月初更種之六月一日種白莖秋葵秋葵堪食仍留五月種者取子于此時附地剪却春葵冷根上枿生者柔軟至好仍供常食美于秋菜

蔓菁

種不求多唯須良地故墟新糞壞垣墻乃佳

種蒜

蒜宜良輭地三徧熟耕九月初種種法黃鸎時以耬耩逐壟手下之五寸一株空曳勞二月半鋤之令滿

三徧條拳而軋之葉黃鋒出則辮于屋下風凉之處桁之冬寒取穀耨布地一行蒜收條中子種者一年爲獨瓣種二年者則成大蒜科皆如拳又逾于凡蒜矣

種葱

收葱子必薄布陰乾勿令浥鬱其擬種之地必須春種綠豆五月穊殺之比至七月耕數徧一畝用子四五升

種韭

收韭子如葱子法治畦下水糞覆悉與葵同然畦欲深二月七月種種法以升盞合地爲處布子于圍內薅令常淨高數寸剪之至正月掃去畦中陳葉凍解以鐵杷耧起下水加熟糞韭高三寸便剪之剪如葱法一歲之中不過五剪收子者一剪則留之若旱種者但無畦與水耳耙糞悉同一種永生

種蜀芥蕓薹芥子

蜀芥蕓薹取葉者皆七月半種地欲糞熟蜀芥一畝蕓薹一畝種法與蕪菁同既生亦不鋤之十月收蕪

菁訖時收蜀芥蕓薹足霜乃收種芥子及蜀芥蕓薹

取子者皆二三月好雨澤時種旱則畦種水澆五月

熟而取子

種薑

薑宜白沙地少與糞和熟耕如麻地不厭熟縱橫七

遍尤善三月種之先種耬耩尋壟下薑一尺一科令

上土厚三寸數鋤之六月作葦屋覆之九月掘出置

屋中

種蘘

常選好味者留栽之候棗葉始生而移之三步一樹行欲相當欲令牛馬履踐令淨正月一日日出時反斧斑駁椎之名嫁棗候大蠶入簇以杖擊其枝間振落狂花全赤即收收法日日撼落之爲上

種桃

桃柰桃欲種法熟時合肉全埋糞地中至春既生移栽實地以鍬合土掘移之桃性皮急四年以上宜以刀豎劚其皮七八年便老十年則死

種櫻桃

二月初山中取裁陽中者還種陽地陰中者還種陰地

種蒲萄

蒲萄蔓延性緣不能自舉作架以承之葉密陰厚可以避熱

種李

李性耐久樹得三十年老雖枝枯子亦不細

種梅杏

栽種與桃李同

種梨

種者梨熟時全埋之經年至春地釋分栽之多著熟糞及水至冬葉落附地刈殺之以炭火燒頭二年即結子揷者彌疾揷法用棠杜

種栗

栗種而不栽栗初熟出殼即裹埋著濕土中至春三月悉芽生出而種之既生數年不用掌近三年內每到十月常須草裹至二月乃解

種柰林檎

柰林檎不種但栽之取栽如壓桑法以正月二月中
翻斧斑駮椎之則饒子

種柿

柿有小者栽之無者取枝于楔棗根上插之

種安石榴

栽法以三月初取枝大如手大指者斬令長一尺半
八九枝共爲一窠燒下頭二寸掘圓坑深一尺七寸
口經尺豎枝于坑畔置枯骨礓石于枝間下土築之
水澆常令潤澤既生又以骨石布其根下則科圓滋

茂可愛十月中以槀裹而纏之

種椒

熟時收取黒子四月初畦種之方三寸一子篩土覆之令厚寸許復篩熟糞以盖土上旱則澆之常令潤澤生高數寸夏連雨時可移之

種桑柘

桑柘熟時收黒魯椹即日以水淘取子曬燥仍畦種常薅令淨明年正月移而栽之率五尺一根其下常劚掘種豆小豆栽後二年慎勿採沐大如臂許正月

中穇之宰十步一樹行欲小掎角不用正相當

種榆

先耕地作壟然後散榆莢散訖勞之榆生共草俱長未須料理明年正月附地芟殺放火燒之亦任生長勿使長近又至明年正月劚去惡者其一株止有七八根生者悉皆斫去唯留一根麤直好者三年春可將莢葉賣之五年之後便堪作椽不挾者即可斫賣挾者鏇作獨樂及盞十年之後魁椀瓶榼器皿無所不任十五年後中爲車轂及蒲桃瓨其歲歲科簡剶

治之功指柴僱人十束僱一人無業之人爭來就作賣柴之利已自無貲況諸器物其利十倍收後復生不勞耕種所謂一勞永逸能種一頃歲收千疋唯須一人守護指揮處分既無牛耕種子人功之費不慮水旱風虫之災比之穀田勞逸萬倍男女初生各與小樹二十株比至嫁娶悉任車轂一樹三具一具值絹三疋成絹一百八十疋聘財資遣粗得充事

種藕

春初掘藕根節頭著魚池泥中種之當年即有蓮花

種蓮子

八月九月取蓮子堅黑者于瓦上磨蓮頭令皮薄取墐土作熟泥封之如三指大長二寸使葉頭平重磨去尖銳泥乾時擲于池中重頭泥下自然周正薄易生少時即出其不磨者皮既堅厚倉卒不能生也

栽樹

凡栽一切樹木欲記其陰陽不令轉易大樹髡之小則不髡先為深坑內樹訖以水沃之著土令如薄泥東西南北搖之良久然後下土堅築時時灌溉常令

潤澤埋之欲深勿令撓動凡栽樹訖皆不用手捉及六畜觸突凡栽樹正月爲上時二月爲中時三月爲下時

伐木

凡伐木四月七月則不虫而堅肕榆莢下桑椹落亦其時也然則凡木有子實者候其子實將熟皆其時也凡非時之木水漚一月或火煸取乾虫則不生

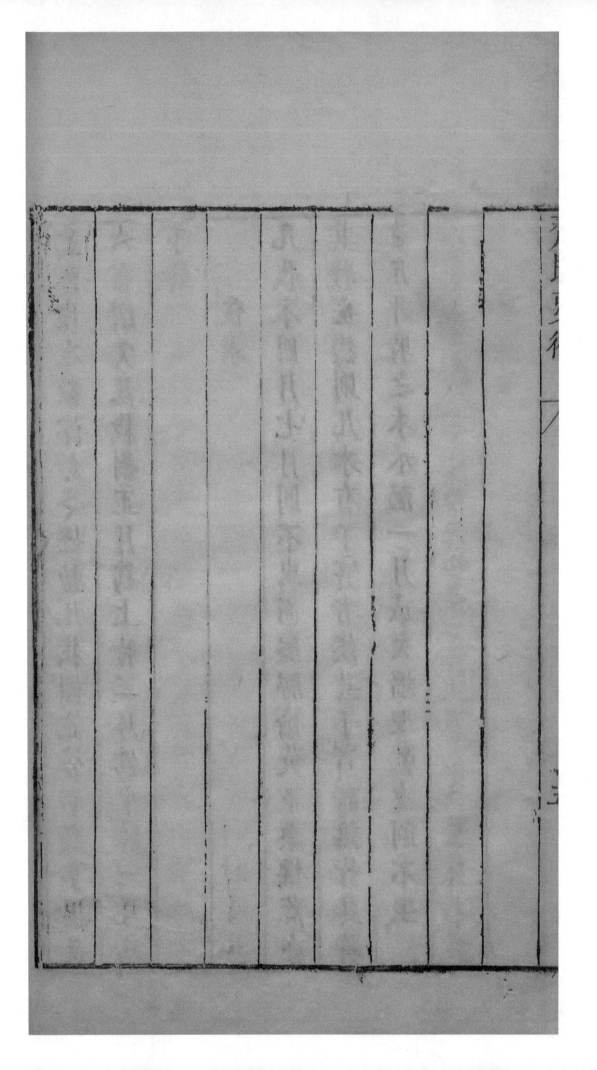

種樹書

郭橐駝

木

凡木皆有雌雄雄者多不實可鑿作方寸穴取雌木塡之乃實凡木檮麻餅雜糞灰壅之則枝葉茂

冬青樹凋瘁以猪糞壅之則茂一說猪溺灌之

凡木早晚以水沃其上以唧筒唧水其上

移樹木用穀調泥漿水於根下日沃之再無有不活者

插杉枝用驚蟄前後五日斬新枝鋤開根入枝下泥杵緊視天陰則插插了遇雨十分無雨即有分數

草木羊食者不長

栽松時去松中大根唯留四傍鬚根則無不偃蓋一年之計種之以竹十年之計種之以木

凡移樹不要傷根鬚須闊掘不可去土恐傷根諺云移樹無時莫教樹知

松必用春後社前帶土栽培百株百活舍此時決無生理也

春分後勿種松秋分後方宜種不獨爲然

種松法大槩與竹同只要根實不令動搖自然活今

移樹者以小牌記取南枝不若先鑿窟沃水澆泥方

栽築令實不可踏仍多以木扶之恐風搖動其顛則

根搖雖尺許之木亦不活根不搖雖太可活更茎上

無使枝葉繁則不招風

種一切樹太枝向南栽亦向南

凡樹要移當三年一樹得拙而枯然未可一槩論者

以桂爲丁在下釘則枯在上磴則茂

順插爲柳倒插爲楊
木自南而北多枯寒而不枯只於臘月去根旁土麥穰厚覆之燃火深培如故則不過一二年皆結實若歲用此法則南北不殊猶人炷艾耳
種木無時蔵毛虫於根下皮以甘草末擦之亦佳
種木楊須先用木椿釘穴方入楊庶不損皮易長臘月二十四日種楊樹不生蟲
斫松樹五更初斫倒便削去皮則無白蟻猶須擇血忌日以斧敲之云今日血忌則白蟻自出

黄梔子候其大時摘青者晒收至黄熟則能消化水矣

元日天未明將火把於園中百樹上從頭用火燎過可免百蟲食葉之患

貧婆樹冬花夏子

種桑取椹子水淘淨暴乾熟耕地畦種種柳取青嫩枝條如臂大長六七尺燒下二三寸埋二尺以上

種青桐九月收子二三月作畦種之治畦下水

桑

穀樹上接桑其葉肥大桑上接梨脆美而甘撒子種桑不若壓條而分根莖

雞脚桑葉花而薄得繭薄而絲少

白桑葉大如掌而厚得繭厚而堅絲每倍常桑葉生黃衣而皺者號曰金桑非特蠶不食而木亦將槁腐矣

先椹而後葉者葉必少

浙間植桑斬其葉而植之謂之稼桑却以螺殼覆其頂恐梅雨侵損其皮故也二年即盛

嘗以三月三日雨卜桑葉之貴賤諺云雨打石頭徧桑葉三錢片或曰四日尤甚杭州人云三日尚可四日殺我言四日雨尤貴

午日不得鋤桑園

有柘蠶食柘而早繭

葉濕不可飼蠶雨中採至必拭令乾恐有傷也

竹

冬至前後各半月不可種植蓋天地閉塞而成冬種之必死

種時斬去梢仍爲架扶之使根不搖易活又法三兩竿作一本移蓋其根自相持則尤易活也或云不須斬梢只作兩重架尤妙

種竹處當積土令稍高於傍地二三尺則雨潦不侵損錢唐人謂之竹脚

竹有花輒槁死結實如稗謂之竹米一竿如此則久之滿林皆然其治法於初米時擇一竿稍大者截去近根三尺許通其節以糞之則止

竹林中有樹切勿去之蓋竹爲樹枝所礙雖風雪不

復欹斜筆竹根多穿害皆砌惟聚皂筴刺埋土中障之根則不過栽油麻萁尤妙

凡種竹正二月劚取西南根於東北角種其鞭自然行西南蓋竹性向西南行也諺云東家種竹西家種地若得死猫埋其下其竹尤盛種竹有醉日即五月十三日也

種竹若用鋤頭打實土則笋生遲

種竹不去條則林外向陽者三二年間便有大竹諺云栽竹無時雨過便移多留宿土切記南枝如要不

閏年不出筍用本命日於正月一日二月二日也

又云種竹須濶掘溝用壟糠和泥抱根然後用淨土傌其上或鋪少大麥於其中令竹根着麥上以土蓋之其根易行

志林云竹有雌雄雌者多筍故種竹半擇雌者物不逃於陰陽可不信歟凡欲識雌雄當自根上第一枝觀之雙枝是雌即出筍若獨枝者是雄

種竹法擇大竹就根上去三四寸許截斷之去其上不用只以竹根截處打通節實以硫黃末顛倒種之

第一年生一竹隨即去之次年亦去之至第三年生竹其大如所種者

種竹用舊茅茨夾土則竹根尋地脉而生竹有六十年數便生花

竹以三伏內及臘月砍者不蛀

竹留三去四蓋三年留四年者伐去

月菴種竹法先鋤其地深三尺濶一尺五寸將馬糞乾者和細泥并土填一尺高令人於其上踏熟或無馬糞以礱糠代之夏月令稀冬月令稠然後種竹須

三四莖作一叢者淺栽爲佳上多用河泥蓋之斫去

竹稍裝架地廣宜種筆竹亭檻間宜種筋竹至次年

八月方可去篠竹

竹與芻根皆長向上添泥覆之爲佳

又七月間移竹無不活者

果

栗採時要得披殘明年其枝葉益茂

桃樹接李枝則紅而甘

桃實自乾不落者名桃梟

柿樹接桃枝則爲金桃

李樹接桃枝則爲桃李

南方柑橘雖多然亦畏霜不甚收惟洞庭霜雖多無所損橘最佳歲收不耗正謂此焉以死鼠浸溺缸内候鼠浮取埋橘樹根下次年必盛湼槃經云如橘得鼠其果子多

柑樹爲蟲所食取蟻窠於其上則蟲自去

桃李銀杏栽帶子向上者個個生向下者少

葡萄欲其肉實當栽於棗樹之旁於春鑽棗樹上作

窠子引葡萄枝入窠中透出至二三年其枝既長大塞滿樹窠便可斫去葡萄根託棗根以生便得肉實如蜜北地皆如此法種

銀杏樹有雌雄雄者有三稜雌者有二稜合二者種之或在池邊能結子而茂蓋臨池照影亦生也

果樹有蠹出者以芫花納孔中即或納百部葉

鑿果樹納少鍾乳粉則子多且美又樹老以鍾乳末和泥於根上揭去皮抹之復茂

凡接矮果及花用好黃泥曬乾篩過以小便浸之又

晒乾篩過再浸之凡十餘度以泥封樹皮用竹筒破兩半根裹之則根立生次年斷其皮截根栽之

桑上接梅梅則不酸

桑上接梨則脆而甘美

果實異常者根下必有毒蛇切不可食

果木有蟲蠹處以杉木削小丁塞之其蟲立死

生人髮挂樹上鳥不敢食其實

接樹須取向南隔下者接之則着子多

凡種樹宜在望前在望後少實

花果樹如曾經孝子及孕婦手折則數年不着花或不甚結子

果子先被人盜喫一枚飛禽便來喫

凡果木未全熟時摘若熟了即抽過筋脉來歲必不盛

果實凡經數次接者核小但其核不可種耳

河陰石榴名三十八者其中只有三十八粒子

橄欖將熟以竹釘釘之或納少許鹽於皮下其實盡落

柹子接及三次則全無核

桃樹過春以刀疎斫之則穰出而不蛀

桃實大繁則多墜以刀橫斫其幹數下乃止社日令人舂桃樹下則結實牢

凡果不牢者空社日舂其根

三月上旬斫取果木好直枝如大脚指大長五寸許納芋魁中種之或大蔓菁根亦可用勝種核者種核三四年乃如此大耳

桃李蛀者以煮猪頭汁冷澆之即不蛀

桃者五行之精制百鬼謂之仙木

凡果實初熟用雙手摘則年年生果見麝香熏則花不結子種韭薤必用猪毛和土長梅樹接桃則脆桃樹接杏則大

桃熟時墻面暖處寬深爲坑收濕牛糞納坑中收好桃核十數枚尖頭向上坑中糞土蓋厚一尺深春芽生和土移種之

果樹生小青蟲虰蜻蛉挂樹自無

凡樹木當元日日未出時以斧斑駁椎接棗李等樹

謂之嫁樹

種石榴取直枝如脚指大斬一尺長八九條共爲一科燒二頭二寸作坑深一尺條口徑一尺竪枝坑畔圍布令匀置枯骨姜石於枝間下土令實一重骨石一重土出枝頭一寸水澆即生又以骨石置枝間即茂杏熟間時合内納糞中至春既生則移栽實地既移不得便移

凡移大梅樹去其枝梢大其根盤沃以溝泥無不活者

生龍眼沸湯内淖過食之不動脾

柿子尚生熬之即熟

凡果須候肉爛和核種之否則不類其種

柑橘橙等於根𣏾上接者易活

林檎蛀以鐵線尋竅内鑽刺用百部杉木釘塞之如

生毛蟲以魚腥水潑根活埋蚕蛾於地下

穀麥

凡種五穀用成收滿平定日爲佳小豆忌卯稻麻忌

辰禾忌丙黍忌丑秫忌寅未小麥忌戌大麥忌子大

豆忌申凡九穀不避忌日種之多傷敗
種諸豆子油麻大麻等若不及時去草必爲草所蠹耗雖結實亦不多諺云麻耘地豆耗花麻須初生時耘豆雖開花亦可耘
種菉豆地宜瘦
臘日種麥及豆來年必熟麥麥苗盛時須使人縱牧於其間令稍實則其收倍多麥屬陽故宜乾原稻屬陰故宜水澤
小麥不過冬大麥不過年

麥最宜雪諺云冬無雪麥不結

種麥之法土欲細溝欲深耙欲輕撒欲勻晒麥之法宜烈日之中乘熱而收仍用蒼耳葉或麻葉碎雜其中則免化蛾

菜

茄子開花時取葉布過路以灰圍之結子加倍謂之嫁茄

種香菜常以洗魚水澆之則香而茂

種茄子時初見根處擘開納硫黃一星以泥培之結子

倍多其大如盞味甘而益人
菠薐過月朔乃生今月初一二間種於二十七八間
種者皆過來月初一乃生驗之信然盖菠薐國菜
生菜種之不拘時纔盡即下種亦便出諺云生菜不
離園以不時而出也
香菜與土龍䏶不得用糞澆澆則不香只以溝泥水
米泔汁澆之佳
茭白根逐年移動生者不灰
甜瓜生者以鰲魚骨揷頂上則蒂落而易熟

冬瓜正月晦日傍墻區種之圓三寸深五寸着糞種之

種韭之畦欲深下水和糞初歲惟一剪每剪即加糞惟深其畦爲容糞也

茄着五葉因雨栽之

種蘿蔔宜沙壖地五月犁五六遍六月六日種鋤不厭多稠即少種

種芋根欲深斲其葉以覆其上旱則澆之有草鋤去之

種枸杞法秋冬間收子於水盆中挼取曝乾春熟地作畦畦中去五寸土勾作壟壟中縛草稕如臂長與壟等即以泥塗草稕上以枸杞子布於泥上以細土蓋令遍又以爛牛糞一重又以上一重令畦平待苗出水澆堪喫便剪

又法枸杞可以插種

花

凡接牡丹須令人看覷之如一接活者逐歲有花如初接不活削去再接只當年有花牡丹花上穴如鍼

孔乃蟲所藏處花工謂之氣窻以大針點硫黄末針之蟲乃死或以百部草塞之牡丹千葉者蜀人號爲京花謂洛陽種也單葉者只號爲川花又曰山丹又曰山花

菜園中間種牡丹芍藥最茂

牡丹芍藥不可置木㮰中不耐久須要避風處

海棠花欲其鮮而盛於冬至日早以糖水澆根下

立春若是子日於茄根上接牡丹花不出一月即爛熳

初春掘藕節藕頭着泥中種之當年着花

以蓮菂投靛瓮中經年移種發碧花

種蓮須先以羊糞壤地於立夏前兩三日種當年便

着花又法用五月二十日移深種蓮柄長者以竹杖

挾之無不活者

種藕以酒糟塗之則盛

月桂花葉常若蟲食者以魚腥水澆之乃止

李贊皇花木記云凡草木以海爲名者悉從海外來

如海棠之類是也

瑞香花惡濕日不得頻沃以水宜用小便可殺蚯蚓或從花脚澆之則葉綠又用梳頭垢膩根上有日色即覆之

雞糞壅茉莉則盛壅百合則甚滋生

用燖猪湯澆茉莉素馨花則肥

催花法用馬糞浸水前一日澆之三四日方開者次日盡開

木犀接石榴開花必紅

花木接者移種須令接頭在土外

灌溉花木各自不同木樨當用猪糞瑞香當用燖猪
湯葡萄當用米泔水肉汁尤妙花木有不宜用糞穢
者甚多尤宜審問用之非其宜立槁
園圃中四旁宜種決明草則虵不敢入
凡接花木雖已接活內有脂力未全包生接頭處切
要愛護如梅雨浸其皮必不活
灌洗布衣灰汁澆瑞香必能去蚯蚓且肥花以瑞香
根甜灰汁則蚯蚓不食而衣垢又自肥也
芙蓉未開隔夜以靛水調紙蘸花蕋上以紙裹蕋口

花開成碧色花五色皆可染

黄白二菊各披去一邊皮用麻皮扎合其花半黄白色

棘能辟霜花果以棘圍中即茂

鷃粟九月九日及中秋夜種之花必大子必滿

凡種花木須冬至後立春前所宜接有鶴膝如大腳指者長二尺許扎于芋魁中掘令寬調泥漿細切生忌一束攪於泥中以細土覆之勿令實當有花次年結實

牡丹着蕋如彈子大時試撚十朶中必有三兩朶不官者去之庶不奪他花力

凡種好花木其旁須種葱薤之類庶麝香觸也

種花藥處栽數株蒜遇麝香則不損

種蘭蕙忌洒水

凡種花欲得花多須用肥土秋冬間壅根春來着花自然盛以猪糞和土令發熱爲肥土木𥙿葉有齒如鋸其紋亦麄澀者乃香有一等葉光澤者殊無香也又有一等花極白者亦無香蘭亦如之

冬間花瓶多凍破以爐灰置瓶中則不凍或用硫黃
置瓶内亦得
芍藥牡丹摘下燒其柄插瓶中後用其柄以蠟封之
尤妙
苦楝樹上接梅花則成墨梅
海棠候花謝結子剪去來年花盛無葉
凡花木有直根一條謂之命根趂小栽時便盤了或
以磚石承之勿令生下則他日易移
凡花皆宜春種惟牡丹宜秋社前後種接

種水仙詩訣云六月不在土七月不在房栽向東籬
下花開朶朶香

種果疏

吳郡俞宗本

種梨

種者梨熟時全埋之經年至春地釋分栽之多著熟糞及水至冬葉落附地刈殺之以灰火燒頭二年即結子彌疾揷法用棠杜杜如臂巳上皆任揷杜樹大者揷五枝小者或三或二梨葉微動爲上時將欲開莩爲下時先作麻紉纏十許匝以鋸截杜令去地五六寸斜攕竹爲籤刺皮木之際令深一寸許折取其

美梨枝陽中者長五六寸亦斜攕之令過心大小長
短與籤等以刀微劉梨枝斜攕之際劉去黑皮援去
竹籤即插梨令至劉處木邊向木皮還近皮插訖以
緜冪杜頭封熟泥於上以土培覆令梨枝僅得出頭
以土壅四畔當梨上沃水水盡以土覆之勿令堅涸
百不失一其十字破杜者十不收一梨既生杜旁有
葉出輒去之凡插梨園中者用旁枝庭前者中心用
根蘗小枝樹形可憘五年方結子鳩脚老枝三年即
結子而樹醜凡遠道取梨枝者下根即燒三四寸亦

可行數百里猶生

藏梨法初霜後即收於屋下掘作深窖阬底無令潤濕收梨置中不須覆蓋便得經夏

凡醋梨易水熟煮則甜美而不損人也

桃 櫻桃蒲萄附

種法熟時合肉全埋糞地中至春既生移栽實地

栽法以鍬合土掘移之

又種法桃熟時於牆南陽中煖處深寬為坑選取好桃數十枚擘取核即內牛糞中頭向上取好爛糞和

土厚覆之令厚尺餘至春桃始動時徐徐撥去糞土
皆應生芽合取核種之萬不失一其餘以熟糞糞之
則益桃味
桃性皮急四年以上宜以刀豎裂其皮七八年便老
十年則死
又法櫻桃二月初山中取栽陽中者還種陽地陰中
者還種陰地
蒲萄蔓延性緣不能自舉作架以承之葉密陰厚可
以避熱

蒲萄宜栽棗樹邊春間鑽棗樹作一竅引蒲萄枝從竅中過蒲萄枝長塞滿竅子斫去蒲萄根托棗根以生其肉實如棗北地皆如此種

李

李性耐久樹得三十年老雖枝枯子亦不細

嫁李法正月一日或十五日以塼石著李樹岐中令實繁

又法李樹桃樹下並欲鋤去草穢而不用耕墾桃李大率方兩步一根

梅杏

栽種與桃李同

熟杏和肉埋糞土中至春既生三月移栽實地既移不得更於糞地必致少實而味苦移須含土三步一樹稀即味甘

柰林檎

柰林檎不種但栽之取栽如壓桑法栽如桃李法林檎樹以正月二月中翻斧斑駮椎之則饒子

棗

常選好味者留栽之候棗葉始生而移之三步之樹行欲相當欲令牛馬履踐令淨正月一日日出時反斧斑駁椎之名曰嫁棗候大蠶入簇以杖擊其枝間振去狂花

收法日日撼而落之爲上

檽音軟棗陰地種之陽中則少實足霜色殷然後乃收之早收者澀不任食也

作酸棗麨法多收紅軟者箔上日曝令乾大釜中煮之水僅自淹一沸即漉出盆研之生布絞取濃汁塗

盤上或盆中盛暑日曝使乾漸以手摩挲取爲末以方寸匕投於一椀水中酸甜味足即成好漿遠行用和米麨饑渴得當也

栗

栗種而不栽栗初熟時出殼即於屋裏埋著濕土中至春二月悉芽生出而種之既生數年不用掌近三年内每到十月常須草裹至二月乃解大戴禮夏小正曰八月栗零而後取之不言剝之

榛

詩曰山有蓁詩義疏云蓁栗屬或從木有兩種其一種大小枝葉皆如栗其子形似杼子味二如栗所謂樹之榛栗者其一種枝莖如木蓼葉如牛李色生高丈餘其核中悉如李生作胡桃味膏燭又美亦可食敭漁陽遼代上黨皆饒其枝莖生樵爇燭明而無煙

栽種與栗同

柿

柿有小者栽之無者取枝於輭棗根上插之如插梨法

安石榴

栽石榴法三月初取枝大如手大指者斬令長一尺半八九枝共爲一科燒下頭二寸掘圓阬深一尺七寸口徑尺豎枝於阬畔置枯骨礓石於枝間下土築之一重土一重骨石平坎止水澆常令潤澤既生又以骨石布其根下則科圓滋茂可愛十月中以蒲藁裹而纏之二月初乃解放若不能得多枝者取一長條燒頭圓屈如牛拘而横埋之亦得然不及上法根强早成其拘中亦安骨石其斵根栽者亦圓布之安

骨石於其中也

木瓜

木瓜種子及栽皆得揷枝亦生栽種與桃李同

木瓜秋社前後移栽至次年率多結子遠勝春栽

銀杏

銀杏有雌雄雄者有三稜雌者有二稜須合種之臨池而種照影亦能結實

春分前後移栽先掘深坑下水攪成稀泥然後下栽子掘取時連土封用草要或麻繩纏束則不致碎破

土封

橙

西川唐鄧多有栽種成就懷州亦有舊日橙樹北地不見此種若於附近地面訪學栽植甚得濟用

橘

昔人謂種千頭木奴可比侯封言其利溥也以洞庭三衢為勝冬月以草護樹身謂為着[illegible]

種諸果法

崔寔曰正月自朔暨晦可移諸樹雜木唯有果實者

及望而止過十五日則果少實食經云種名果法
月上旬斫取直好枝如大栂指長五尺内著芋頭中
種之無芋大蕪菁根亦可勝種核核三四年乃如此
大耳可得行種
凡五果正月一日雞鳴時把火遍照其下則無蟲災
栁子厚郭橐駝傳所種樹或移徙無不活且碩茂早
早實以蕃有問之對曰凡植木之性其本欲舒其培
欲平其土欲故其築欲密既然已勿動勿慮去不復
顧其蒔也若子其置也若棄則其天者全而其性得

矣他植者則不然根拳而土易其培之也若不過焉則不及苟有能反是者則又愛之太恩憂之太勤旦視而暮撫已去而復顧甚者爪其膚以驗其生枯搖本以觀其疎密而木之性日以離矣雖曰愛之其實害之雖曰憂之其實讎之故不我若也

凡木皆有雌雄而雄者多不結實可鑿木作方寸大以雌木填之乃實以銀杏雄樹試之便驗社日以杵舂百果樹下則結實牢不實者亦宜用此法果木有蟲蠹者用杉木作釘塞其穴蟲立死樹木有蟲蠹以

芫花納孔中或納百部葉

遯齋閑覽凡果木久不實者以祭社餘酒灑之則繁茂倍常用人髮挂枝上則飛鳥不敢近結實時最忌白衣人過其下則其實盡落

接諸果法

正月取樹本大如斧柯及臂者皆堪接謂之樹砧砧若稍大即去地一尺截之若去地近截之則地力大壯矣終無所接之木稍小即去地七八寸截之若砧小而高截則地氣難應須以細齒鋸截鋸齒麄即損

其砧皮取快刀子於砧緣相對側劈開令深一寸每
砧對接兩枝候俱活卽待葉生去一枝弱者所接樹
選其向陽細嫩枝如筋麄者長四寸許陰枝卽少實
其枝須兩節兼須是二年枝方可接接時微批一頭
入砧處插入砧緣劈處令入五分其入須兩邊批所
接枝皮處插了令與砧皮齊切令寬急得所寬卽陽
氣不應急則力大夾煞全在細意酌度插枝了別取
本色樹皮一片長尺餘濶二三分纏所接樹枝并砧
緣瘡口恐雨水入纏訖卽以黃泥泥之其砧面并枝

頭並以黃泥封之對揷一邊皆同此法泥訖仍以紙裹頭麻纏之恐其泥落故也砧上有葉生即旋去之乃以大糞擁其砧根外以刺棘遮護勿使有物動撥其枝春雨得所尤易活其實內子相類者林檎梨向木瓜砧上栗子向櫟砧上皆活蓋是類也

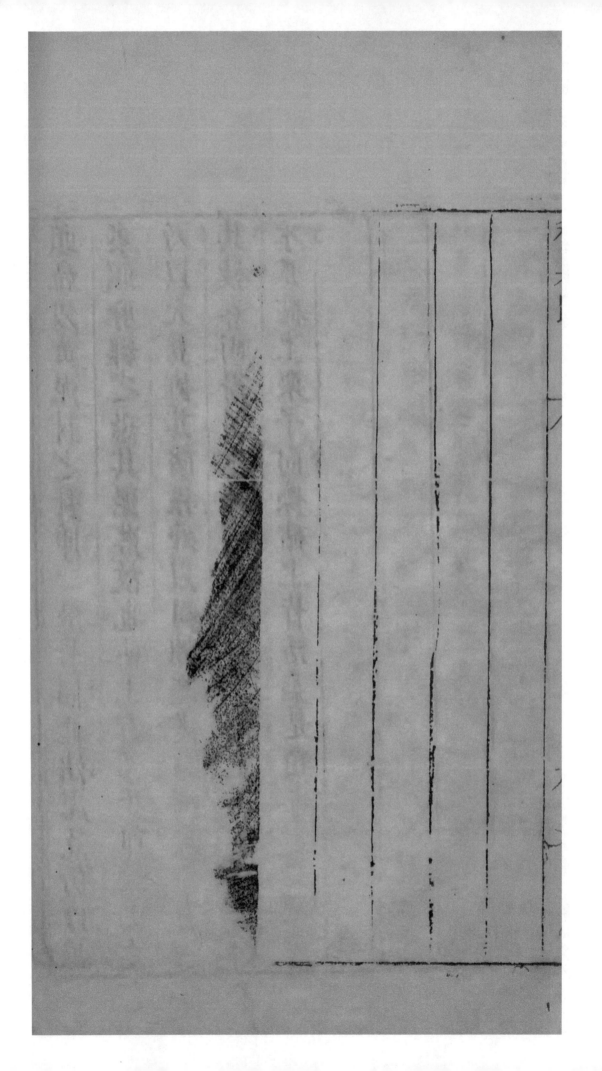

種藥疏

吳郡俞宗本

紫草

宜黃白軟良之地青沙地亦善開荒黍穄下大佳性不耐水必須高田秋耕地至春又轉耕之三月種之耬耩地逐壠手下子下訖勞之鋤如穀法潔淨為佳其壠底草則拔之九月中子熟刈之候稃燥載聚打取子即深細耕尋壟以杷耬取整理一把隨以茅結之四把為一頭當日則斬齊顛倒十重許為長行置

竪平之地以板石鎮之令編兩三宿竪頭著日中曝之令浥浥然五十頭作一洪著簷屋下陰涼處棚下勿使驢馬糞及人溺又忌煙皆令草失色其利勝藍若欲久停者入五月內著屋中閉戶塞向密泥勿使風入漏氣過立秋然後開出草色不異若經夏在棚棧上草便變黑不復任用

種訖耩耙耮之或以輕鈍碾過秋深子熟芟去其土連根取出就地鋪積頻乾輕振其土以茅篛束切去虛梢

紅花

種法欲雨後速下或漫散種或耬下一如種麻法亦有鋤培而掩種者子科大而易料理花出日日乘涼摘取摘必須盡五月子熟拔曝令乾打取之五月種晚花七月中摘深色鮮明耐久不黦

藍

藍地欲良三徧細耕三月中浸子令芽生乃畦種之治畦下水一同葵法藍三葉澆之薅治令淨五月中新雨後即接濕耬耩拔栽之三莖作一科相去八寸

白背即急鋤五遍爲良七月中作藍澱

崔寔曰榆莢落時可種藍五月可刈藍六月可種冬藍

椒

三鄉椒種秋深熟時揀粒大者摘下陰乾將椒子包裹掘地深埋春暖取出向陽掘畦種之性不耐寒冬月以草厚覆二年後春月移栽樹小時冬月以糞覆根地寒處以草裹縛次年結子椒不歡餘一年繁勝一年

茱萸

二月三月栽之宜故城隄冢高燥處候實開便收之挂著屋裏壁上廕乾勿使煙熏用時去中黑子

茴香

春暖向陽掘區與土相和區先下水子用新香不浥者量地下子慘上微葢區南約量種蘩以遮夏日長高三四指旱則澆之或霖雨時就新子種之亦可十月斫去條梢糞土覆根三月去之

次

種芡法一名雞頭八月中收取擘破取子散著池中自生也

芰

種芰法一名蔆秋上子黑熟時收取散著池中自生矣

薯蕷今名山藥

種山藥宜寒食前後沙白地區長丈餘深潤各二尺步加爛牛糞與土相和平匀厚一尺揀肥長山藥上有芒刺者每定折長三四寸鱗次相挨排於區內復

以糞土勻覆五寸許旱則澆之亦不可太濕頗忌大糞苗長以高梢扶架霜降後比及地凍出之外將蘆頭另窨來春種之勿令凍損

地黃

種地黃法須黑良田五徧細耕三月上旬爲上時中旬爲中時下旬爲下時一畝下種五石其種還用三月中掘取者逐犂後下之至四月末五月初生苗訖至八月盡九月初老成中用若須留爲種者即在地中勿掘之待來年三月取之爲種計一畝可收根三

十石有草鋤不限徧數鋤時別作小刅鋤勿使細土
覆心令秋收訖至來年更不須種自旅生也唯須鋤
之如此得四年不要種之皆餘根自出矣

枸杞

種枸杞法秋冬間收子淨洗晒乾春耕熟地作町濶
五寸紐草稕如臂大置畦中以泥塗草稕上然後種
子以細土及牛糞蓋令徧苗出頻水澆之

又揷種

枸杞宜故區畦種葉作菜食子根入藥

秋收好子至春畦種如種菜法
又三月中苗出時移栽如常法伏內壓條特為滋茂
一法截條長四五指許掩於濕土地中亦生

菊花

宜白地栽甜水澆苗作菜食花入藥用三四月帶根
土掘出作區下糞水調成泥擘根分栽每區一二科
後極滋胤

蒼术

二月取根子劈破畦中種上糞下水一年即稠苗亦

可爲菜若作煎宜多種之

黃精

二月擇取葉相對生者是眞黃精擘長二寸許稀種之一年後甚稠種子亦得其葉甚美入菜用其根堪爲煎朮與黃精仙家所重

百合

二月種百合此物尤宜雞糞每坑深五寸如種蒜法

牛蒡子

熟耕肥地令深平二月末下子苗出後耘旱則澆灌

八月巳後即取根食若取子即須留隔年方有子凡
是閑地即須種之不但畦種也
牛蒡子宿根亦名鼠黏子葉作菜食明目補中去風
久食輕身耐老
决明
二月取子畦種同葵法葉生便食直至秋間有子若
嫌老番種亦得若入藥不如種馬蹄者
園圃四旁宜多種蛇不敢入
薏苡

九月霜後收子至來年三月中隨耕地於壠内點種

橯蓋令平有草則鋤

薄荷

諸處多見移栽經冬根不死採葉可食本入藥用

罌粟

罌粟尤宜山坡亦可畦種

重九日種又中秋夜種則罌大子滿種訖以竹箒掃

之

苜蓿

地宜良熟七月種之畦種水澆一如韭法一年三刈
留子者一刈則止春初旣中生噉爲羹甚香長宜飼
馬馬尤嗜之此物長生種者一勞永逸都邑負郭所
宜種之
崔寔曰七月八月可種苜蓿

瓜蔬疏

吳　王世懋

西瓜古無稱云金主征西域得之洪皓自燕中携歸然瓜中第一美味而種徧天下不應晚出異方之物乃爾吾地以蔣福柵橋二處爲絕品然家園中所種色青白而作枕樣者便佳不必蔣柵也

甜瓜以香而小者爲第一作黃綠二色豈即邵平所種五色子母瓜耶今涼州塞外作乾條遺遠人味極甘當是此種若南瓜雖有奇狀殊色僅堪煮食酷無

意味而更與羊食忌是可廢
王瓜出燕京者最佳其地人種之火室中逼生花葉二月初即結小實中官取以上供唐人詩云二月中旬已進瓜不足爲奇矣又一種秋生者亦佳吾土俱宜閩中二三月間食入夏枯矣
瓜之不堪生噉而堪醬食者曰菜瓜圓者如甜瓜長者如王瓜皆一類也以甜醬漬之爲蔬中佳味
天下結實大者無若冬瓜味雖不甚佳而性溫可食
絲瓜北種爲佳以細長而嫩者爲美性寒無毒有云

多食之能痿陽北人時噉之殊不爾然用其蒂可治
小兒痘汁滴瓶中能消痰火其涼可知矣
吾地有名錦荔枝者外作五色蜂窠之狀內子如鱉
蟲人甚惡之不知閩廣人以爲至寶去實用其皮肉
煮肉味殊苦廣人亦爲涼多子京師種摘而自供食
往在泉州見城中遍地植之名曰苦瓜形稍長于此
種耳
匏子瓜類也大而扁者可食小而長作細腰者可瓢
種類頗多偶得佳者不啻珍品瓠子匏類也形稍長

饒上豐下味似勝之唐鄭珣瑜所謂亦去毛爛黃熟抝折須此物也

韭最獲利且宜吾地冬盡春初韭黃真佳味但吾奉道不食耳

芥多種以春不老爲第一北京爲上南京次之吾地不逮也芥之有根者想即蔓青京師大而脆爲蔬中佳味携子歸種之城北而能生尚小巴竟如之然移植他所輒不如初謂是北種北入閩則其地徧生蔬蔓青菜云是諸葛武侯所種是也

古人食菜必曰葵王右丞清齋折露葵是也乃今菜品竟無稱葵不知何菜當之又所重曰秋末晚菘亦竟無定說即爾雅翼亦難憑也大都今之冬菜如都城箭桿菜之類皆可稱菘箭桿雖佳然終不敵燕地黄芽菜可名菜中神品其種亦可傳但彼中經冰霜以蘧廬覆之葉脫色改黄而後成此都不宜耳

甕菜空中而味脆獨南京有之可以種盆中携歸取食入地則不生

魏文貞公好食芹世以比曾晳之羊棗然今南北兩

京芹皆長數尺而味絶佳何必文貞始嗜蓋芹本水際野植而獨兩京種之老圃故佳想取植之亦得爾耳

萵苣絶盛於京日鹹食脆美即旋摘烹之亦佳

菠菜北名赤根菜之凡品然可與荳腐並烹故園中不廢若君蓬菜俗名甜菜者菜斯爲下矣

蘿蔔須長而白如雪甜而消如梨者乃稱絶品南北兩京多圓而大赤色雖佳味殊不敵也

胡蘿蔔獨常熟爲佳然酷非余所須若胡荽味苦無

當而在五葷之內不植吾圃中可也

葱蒜薤與韭雖俱五葷而爲人所常用葱性稍平江浙多有之吾地少亦可不種

薯蕷本山中野植與黃獨同類故名山藥然獨保定懷慶諸處爲佳閩浙多作紅色而味不甘糯吾地種美惡在兩種間亦不可廢

芋古名蹲鴟吾土最佳有水旱紫白二種旱者不可食此地若種之得法有十斤者

香芋落花生產嘉定落花生尤甘皆易生物可種也

甘露子如耳環醬食之脆美亦別方之產吾地可種

莧有紅白二種素食者便之肉食者忌與鼈共食二種野生及馬齒莧俱堪食

百草中可食者最多薺菜枸杞苗五加芽草中之美味菊苗亦佳大概摘野蔬入饌尤覺趣耳

藜蒿多生江岸九江諸處採賣至以數百石船裝之遠貨吾地亦自不乏

芡一名鷄頭果中之美味而最補益人然獨杭州多而佳京師產者形如刺蝟而有粳糯糯而大者味勝

杭產吾地俱不宜然勤種之鮮摘亦勝

菱即芰也而多種有紅有綠有深水有淺水有角有腰而產於郡城者曰哥窰蕩産於峴山者曰貴縣皆佳甚須其種種之

芰苕以秋生吳中一種春生曰呂公菱以非時爲美

初出時煮食甜軟據爾雅翼曰菰即菰蔣之類曰菰首者即今之茭首也又有黑縷如黑點者名烏鬱今茭中有之余所種僅秋生者耳然菰實有米而今茭白未聞有之或者野茭乃生米也

茨菰古曰凫茨種淺水中夏月開白花秋冬取根食味亞於香芋

荸薺方言曰地栗亦種淺水吳中最盛遠貨京師爲珍品色紅嫩而甘者爲上

蓮房之大者名百子蓮藕則白蓮單瓣者乃佳高郵寶應第一吳中亦作者土僅供蔬耳

蓴以張陸所誇遂爲吳中口實然實不佳且非池塘間物也

蒲筍蘆筍皆佳味而蒲筍尤佳吾地人乃不知取

耳然種蒲者多閙取之苦不成筍豈其種别耶

耳然緪滿者多間取之苦不成聲豈其韻則出

稻品

姑蘇黃省曾

稻之粒其白如霜其性宜水說文謂之稌沛國謂之稬以黏者謂之糯亦謂之秫以不黏者謂之秔亦謂之稉故氾勝之云三月而種秔四月而種秫然皆謂之稻魯論之食夫稻稬也月令之秫稻糯也糯無芒稉有芒稉之小者謂之秈秈之熟也早故曰早稻稉之熟也晩故曰晩稻京口大稻謂之稉小稻謂之秈其粒細長而白味甘而香九月而熟是謂稻之上品

曰箭子
其粒大而芒紅皮赤五月而種九月而熟謂之紅蓮
其粒小而色白四月而種六月而熟謂之六十日稻
又遲者謂之八十日稻又遲者謂之百日赤而毘陵
小稻之種亦有六十日秈八十日秈百日秈之品而皆
自占城來寔頼水旱而成實作飯則差硬宋氏使占
城珍實易之以給於民者在太平六十日秈謂之拖
犂歸有赤紅秈有百日秈俱白稃而無芒或七月或
八月而熟其味白淡而紅甘在閩無芒而粒細有六

十日可穫者有百日可穫者皆曰占城稻
其粒尖色紅而性硬四月而種七月而熟曰金城稻
是惟高仰之所種松江謂之赤米乃穀之下品四明
次於占城其殆所謂百日赤歟
其粒長而色班五月而種九月而熟松江謂之勝紅
蓮性硬而皮莖俱白謂之穲䅉稻
其粒大色白稃軟而有芒謂之雪裏揀
其粒白無芒而稃矮五月而種九月而熟謂之師姑
秔湖州錄云言其無芒也四月謂之矮白

其粒赤而稃芒白五月初而種八月而熟謂之早白稻松江謂之小白四明謂之細白九月而熟謂之晚白又謂蘆花白松江謂之大白

其三月而種六月而熟謂之麥爭塲

其再蒔而晚熟者謂之烏口稻在松江色黒而耐水與寒又謂之冷水結是爲稻之下品

其巳刈而根復發苗再實者謂之再熟稻亦謂之再撩

其粒白而大四月而種八月而熟謂之中秋稻在松

江八月望而熟者謂之早中秋又謂之閃西風

其粒白而穀紫五月而種九月而熟謂之紫芒稻

其秀最易謂之下馬看又謂之三朝齊湖州錄云言

其齊熟也

其在松江粒小而性柔有紅芒白芒之等七月而熟

曰香秔其粒小色斑以三五十粒入一米數升炊之

芬芳馨美者謂之香子又謂之香穤

其在湖州一穗而三百餘粒者謂之三穗子

其粒長而釀酒倍多者謂之金釵糯

其色白而性軟五月而種十月而熟曰羊脂糯

其芒長而穀多白斑五月而種九月而熟謂之臙脂

糯太平謂之豨秫糯

其白斑五月而種十月而熟謂之虎皮糯太平又云

學稃紅黑斑而芒

其粒最長白稃而有芒四月而種七月而熟謂之趕

陳糯太平謂之趕不著亦謂之秈糯

其粒太而色白四月而種九月而熟謂之矮糯亦謂

之矮兒糯

其稃黄而芒赤已熟而稃微青布宜良田四月而種
九月而熟謂之青稃糯
其粒大而色白芒長而熟最早其色易變而釀酒最
佳謂之蘆黄糯湖州謂之泥裏變言其不待日之曬
也
其粒圓白而稃黄大暑可刈其色難變不宜於釀酒
謂之秋風糯可以代秔而輸租又謂之瞞官糯松江
謂之冷粒糯
其不耐風水四月而種八月而熟謂之小娘糯譬閩

女然也

其在湖州色烏而香者謂之烏香糯其稈挺而什者謂之鐵梗糯芒如馬鬃而色赤者謂赤馬鬃糯

耒耜經

唐　陸龜蒙

耒耜者古聖人之作也自乃粒以來至于今生民賴之有天下國家者去此無有也飽食安坐曾不求命稱之義非楊子所謂如禽者耶余在田野間一日呼耕甿就而數其目恍若登農皇之庭受播種之法淳風泠泠聳竪毛髮然後知聖人之旨趣朴乎其深哉孔子謂吾不如老農信也因書爲耒耜經以備遺忘且無愧于食

經曰耒耜農之言也民之習通謂之犂冶金而爲之者曰犂鏡（本作鑱）曰犂壁斲木而爲之者曰犂底曰壓鑱曰策額曰犂箭曰犂轅曰犂梢曰犂評（去聲）曰犂建曰犂槃木與金凡十有一事耕之土曰墢墢猶塊也起其墢者鑱也覆其墢者壁也草之生必布于墢不覆之則無以絕其本根故鑱引而居下壁偃而居上鑱表上利壁形下圓負鑱者曰底底初實于鑱中工謂之鱉肉底之次曰壓鑱背有二孔係于壓鑱之兩旁鑱之次曰策額言其可以扞其壁也皆貤然相戴

自策領達于犂底縱而貫之曰箭前如桯而樛者曰
轅後如柄而喬者曰梢轅有越加箭可弛張焉轅之
上又有如槽形亦如箭焉刻爲級前高而後庳所以
進退曰評進之則箭下入土也淺以其上下類激射
故曰箭以其淺深類可否故曰評評之上曲而衡之
者曰建建捷也所以柅其轅與評無是則二物躍而
出箭不能止橫于轅之前末曰槃言可轉也左右繫
以樫乎軛也轅之後末曰梢中在手所以執耕者也
轅車之胸梢取舟之尾止乎此乎鑱長一尺四寸廣

六寸壁廣長皆尺微橢（音墮）底長四尺廣四寸評底過
壓鑱二尺策減壓鑱四寸廣狹與底同箭高三尺評
尺有三寸槃增評尺七焉建雄稱絕轅修九尺梢得
其半轅至梢中間掩四尺犁之終始丈有二耕而後
有爬（去聲）渠疏之義也散墢去芟者焉爬而後有礰（平格）
礋（宅）焉有磟碡（音鹿毒）焉自爬至礰礋皆有齒磟碡觚
稜而已咸以木為之堅而重者良江東之田器盡于
是耒耜經終焉

嘗讀記勝之書喜其辭絕奇古復得魯望此篇與

蠶經

姑蘇黄省曾

一之藝桑

有地桑出於南潯有條桑出于杭之臨平其鬻之時以正月之上中旬其鬻之地以北新關內之江將橋地旦也擔而爭陳于粱之左右午而散大者株以二錢其長八尺

其種也耕地而糞之截其枝謂之嫁留近本之餘尺餘許深埋之出土也寸焉培而高之以泄水壘其瓣

或覆以螺殼或塗以蠟而瀝青油煎封之是防梅雨之所侵糞其周圍使其根四達若直灌其本則糞而死未活也不可灌水灌以和水之糞二年而盛

其在土也月一鋤焉或二起斸也必尺許灌以純糞遍沃于桑之地使及其根之引者不摘葉也三年則其發茂禁損其枝之奮者桑之下厥草不留則茂午日不可以鋤蠶之時其摘也必潔淨遂剪焉南潯之剪價以七分必於交湊之處空其榦焉則來年條滋而葉厚歲歲剪條則盛禁原蠶之飼飼則來年枝纖而葉薄

其占桑葉之貴賤也以正月之上旬木在一日也則爲蠶食一葉爲甚貴木在九日也則爲蠶食九葉爲甚賤又以三月之三日有雨則貴四日尤貴諺曰三日尤可四日殺我陰而不雨則蠶大善其壅也以糞以蠶沙以稻草之灰以溝池之泥以肥土其初蘖之壅也以水藻以綿花之子壅其本則燥而易發初春而修也去其枝之枯者樹之低小者啟其根而糞泥壅之不然則葉遲而薄凡擇桑之本也皺皮者其葉必小而薄白皮而節疏芽大者爲柿葉之桑其葉必

大而厚是堅繭而多絲高而白者宜山岡之地或牆隅而籬畔五月也收桑椹而水淘少曬焉畦而種之至冬而焚其梢及明年而分種之短而青者宜水鄉之地正二月也木鈎攀之土壓碁年而截之移而種之歲糞也二其壓也濕土則條爛焦土則根生撒子而種不若條而壓其為桑之害也有桑牛尋其穴桐油抹之則死或以蒲掛草草之狀也如竹葉其桑葉之葉癩也亦以草汁而沃之桑之下可以藝蔬其藝桑之園不可以藝楊藝之多楊甲之蟲是食桑皮而

子化其中焉二月而接也有插接有劈接有壓接有搭接有換接穀而接桑也其葉肥大桑而接梨也則脆美桑而接楊梅也則不酸勿用雞腳之桑其葉薄是薄繭而少絲其葉之生黃衣而皺者木將就槁名曰金桑蠶則不食先椹而後葉者其葉必少有柘蠶焉是食柘而早繭其青桑無子而葉不甚厚者是宜初蠶望海之桑種之術與白桑同是皆臘月開塘而加糞即壅之以土泥或二或三六七月之間乃去其蟲開塘加糞壅土宜遲紫藤之桑其種高大是不用

剪其葉厚大尤早種之也宜邇于竈屋不必開塘而糞壅惟幼稚之時待冬而糞甙二或三以臘月爲佳

二之宮宇

蠶之性喜靜而惡喧故宜靜室喜煖而惡濕故宜版室室靜可以辟人聲之喧閒室密可以辟南風之吹襲室版可辟地氣之蒸鬱

三之器具

其切桑之刀宜濶而利其方筐之制縱八尺廣六尺其圓箔之造在盤門張公之橋價以十五文有火箱

蠶之自蟻而三眠別之

四之種連

其在簇也擇繭之尖細堅小者腰小者雄也圓慢厚者腰大者雌也相兼而收以簇中為佳近上則絲薄近下則子不生其蛾之生也取其同時者擇而對焉自辰而亥乃拆厥氣乃全其放子也必覆而暗之見光則其子遊散其為連也必桑皮之紙出於南潯毋皺之覆也四五日厥氣乃固沃之以絲之湯則子不落其子之如環如堆者棄之貫之以桑皮忌麻苧之綫懸

之於涼處忌煙熏日炙之所至端午也以蒲以艾以
椰和井水而浸少時焉去其屎以懸其留蠶十斤也
可以得三眠之蠶四十斤焉至臘之十二浸之於鹽
之滷至二十四出焉則利於緑綠或曰臘之八日以
桑柴之灰或草之灰淋之汁以蠶連浸焉一日而出
繼以雪之水浸之懸而乾之或懸桑木之上以冐雨
雪三宿而收之則耐養二月十二浴焉清明之曉則
綿紙裹之藏於厨之内俟桑之芽如茶匙之大則綿
絮裹之暮也覆以所服之煖衣晨也覆以所蓋之煖

其既出也溫以火未出也禁以火焙其浸也用桑條之灰濕其速而後摻之揩而浸之於滷中即鹽化之水有分兩瑟其浮也以磁器歷之其至二十四出也用河水滌去其灰或置之匾中而沃而後涼之掛之則至春也者生否者陰不至於費糞至二月十二浴也以菜之花野菜之花韭之花桃之花白豆之花揉之中而浴之蛾之放子也一夜而止否則生蟻也不齊

五之育飼

其蠶之自蟻而三眠也俱用切葉其替撞也用糠籠之灰糝焉則蠶體快而無疾或布網而撞替其飼火蠶也必勤葉盡即飼毋使饑吞火氣而病其替蠶也食半而替則功省而蠶不勞其三眠之起也斤分於一筐一筐之蠶可以得繭八斤爲絲一車而十六兩其蟻之初出也以薔薇之葉焠燥搡碎之糝之蟻上聞香而集之於上乃以鵞翎拂下其層火也炭之團爇之而灰以過之瓦以覆之溫溫然而已綿被以隔之而後置之於被之上焉若熾焉或饑焉則傷於火

其長也焦黃不食而死勿食水葉食則放白水而死
雨中之所採也必拭而乾之或風戾之

六之登簇

簇以稻之草爲之殺疏之必潔則不牽絲乃握而束之厚藉以所殺疏之草蠶可以禦地濕可以承墜蠶乃以握許登之勿覆以紙至次之日少以稻之稃糝焉以屬其作繭之未成者勿用萊之萁善絆擾而薄繭七日而摘半月而蛾生交五月節梅風吹之則生凡蠶室之青也爲考之候其在簇而有雷則以退紙覆之以護其

長

七之擇繭

長而瑩白者細絲之繭大而晦色青葱者粗絲之繭皆擣去其蒙戎之衣其內漬而漬濕者謂之膾繭及薄而雜者綿之繭可爲粗絲不可以經日經日則絲爛而難抽不可以焚香焚香則蛆穴而難抽大者謂之磨工

八之繅拍

其繅之不可及也淹而甕之泥之（毋大缸用鹽四兩荷葉包之於缸甕）

之口又塞實荷葉至七日而蛾死泥之也仍數視之有少鏬則蛾生凡粘繰綿之線一分銀是拈一兩其爲綿也蛾口爲最上岸次之黃繭又次也繭衣者爲最下蛾口者出蛾之繭也上岸者繰湯無緒撈而出者也繭衣繭外之蒙戎蠶初作繭而營者也

九之戒宜

不可以受油鑊之氣不可以受煤氣不可以焚香亦不可以佩香零陵香亦在所忌否則焦黃而死不可以入生人否則遊走而不安箔蠶室不可以食韮豊

蠶一豆養之人後高爲善以筐計凡二十筐庸金一兩看繰絲之人南潯爲善以日計每日庸金四分一車也六分其上簇也而無火則繰之也必不淨蠶婦之手不可以擷苦蕒手有苦蕒之氣令蠶青爛食之者亦不可以入蠶之室

納猫經

吳郡俞宗本

凡買猫用斗桶箏物以袋盛之勿令人見至家計筯一根和猫置于桶内盛云勿過水滿缺處將石置之使不過家從吉方歸取猫出拜堂竈犬畢將猫筯插于土堆上使不在家撒屎然後復床睡勿令走出爲法也

猫兒契式

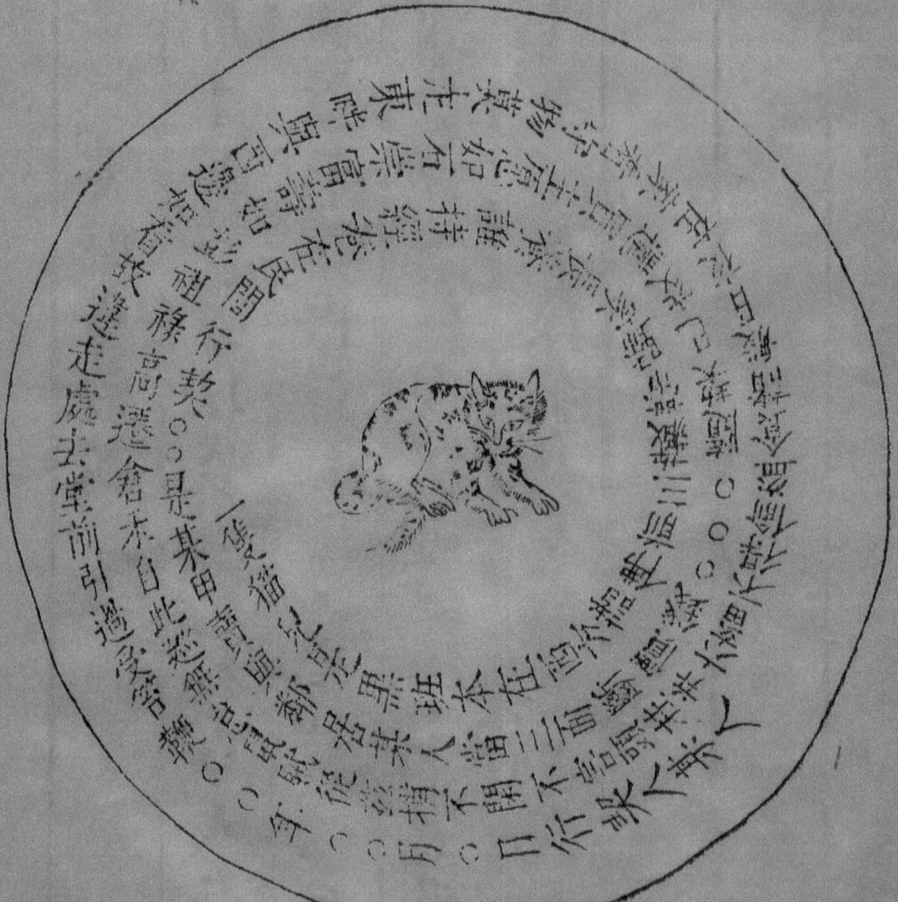

東王公證　　見南不去

西王母證　　見北不遊

牛宮辭可謂田家三寶陸深跋

半宮辭司韻四家三寶堂派跋

養魚經

姑蘇黄省曾

一之種

古法俱求懷子鯉魚納之池中俾自涵育所以養鯉者鯉不相食易長而貴也或在取近江湖藪澤陂湖水際之土數舟布底則二年之内土中自有大魚甯子得水即生也

今之俗惟購魚秧其秧也漁人汎大江乘潮而布網取之者初也如針鋒然乃飼之以雞鴨之卵黄或大

麥之麩屑或炒大豆之末稍大則鬻魚池養之家閩錄云仲春取子於江曰魚苗畜於小池稍長入陂塘曰葦鯇可尺許徙之廣池飼以草九月乃取

有難長之秧曰艋艘其首黃色曰螺師青以其食螺師也故名爾雅翼曰鱒魚食螺蚌是也其口尖朞年而鼻竅始通不得通則死長至尺許乃易大

惟鱓魚爲良其口濶而益首似鯉而身圓謂之草魚食草而易長爾雅翼曰鯇魚食草

白鰱乃魚之貴者白露左右始可納之池中或前一

月或後一月皆不育漁人擕於舟若煎炙油氣觸之
則目皆瞎京口錄云巨首細鱗池塘中多畜之
鯔魚松之人於潮泥地鑿仲春潮水中捕盈寸者養
之秋而盈尺腹背皆腴為池魚之最是食泥與百藥
無忌京口錄云頭匾而骨軟閩志云目赤而身圓口
小而鱗黑吳王論魚以鯔為上也其魚至冬能牽被
而自藏

二之法

凡鑿池養魚必以二有三善焉可以蓄水鬻時可

大而存小可以解泥此池泥可入彼池

不可以漚麻一日即泥

魚遭鴿糞則泥以圊糞解之

魚之自糞多而返復食之則泥亦以圊糞解之池不

宜太深深則水寒而難長

魚食鷄鴨卵之黄則中寒而不子故魚秧貴不子

魚之行遊晝夜不息有洲島環轉則易長

池之傍樹以芭蕉則露滴而可以解泥樹楝木則落

子池中可以飽魚樹葡萄架子于上可以免鳥糞種

芙蓉岸周可以辟水獺

魚食楊花則病亦以糞解之食蟋蟀嫩草食稗子

池之正北浚宜特深魚必聚焉則三面有日而易長

飼之草亦宜此方一日而兩番須有定時魚小時草必細飼至冬則不食

凡魚嚼子必沿水痕雖乾涸十年遇水即生其長甚易其嚼子也以五月鯉魚以五月下惟銀魚鱠殘魚嚼子於氷氷解三日乃生也

飼魚之草不可擦水草恐有黑魚鮎魚等子在草上

是能食魚黑魚者鱧魚也夜則仰首而戴斗鮎魚者鯸魚也即鯷魚也大首方口背青黑而無鱗是多涎池中不可着鹹水石灰能令魚洸

陶朱公曰以六畝地爲池池中有九洲則周遶無窮自謂江湖也求懷子鯉魚三赤者二十頭牡鯉魚三赤者四頭以二月上庚日内池中令水無聲魚必佳至四月納一神守六月納二神守八月納三神守神守者鼈也納之則魚不飛去至來年二月可得一赤者一萬五千三赤者四萬五千二赤者萬枚直五千

可得榆莢一年二十五萬又明年一赤者十萬二赤者五萬三赤者五萬四赤者四萬留二赤者二千爲種餘可得榆莢五百一十五萬候至明年不可勝計也九洲八谷谷上立水二赤谷中立水六赤凡池之瓢相傳一夜生七子太密則餘皆鬱死必去其半乃佳

三之江海諸品

江海之產有鱘鰉之魚其長丈餘鼻端有肉骨四分身之一兩頰之肉謂之鹿頭可以爲鮓京口錄云是

兩種鰣肉之色白鰉肉之色黃廣州謂之鰣龍之魚云類龍而無角

有鱸魚四腮巨口而細鱗非江海之產則三腮金谷園記曰秋仲由海而入江可以作鱠京口錄有二種曰脆鱸曰爛鱸閩志曰身有黑文

有鰳魚腹下之骨如鋸可勒故名出與石首同時海人以冰養之而鬻于諸郡謂之冰鮮

有鯧魚身廣而頭銳細鱗而軟骨出于海

有石首之魚其色如金俗名黃魚楝花而來秋而化

□爰穀子曰石首鯼也首有小石故名海族志云其初出水也能鳴夜視則有光鹽醃爲鯗則曰白鯗闕謂之金鱗又謂之黃爪

有白魚避暑錄云太湖之白魚冠天下梅後十有五日入時白魚最盛謂之時裏白

有鯿魚縮項穹脊而細鱗博腹其味腴其色青白即魴魚也古稱漢水槎頭之鯿吳之太湖亦甚佳矣

有銀魚其形纖細明瑩如銀太湖之人多鱲以鬻焉長者不過三寸

卷□ 五

有鰣魚盛於四月鮮白如銀其味甘美多骨而速腐廣州謂之三黧之魚閩志曰大者長數尺春末有之

有鱠殘之魚狀如銀魚而大冬月帶子者謂之挨冰嘯

有鮆魚狹薄而首大長者盈尺其形如刀俗呼爲刀鱭初春而出于湖爾雅曰鮤鱴刀注今之鮆魚也亦呼爲刀魚說文鮆魚而不食魛魚也

有鮚子魚其生也帶子

有鱖魚巨口而細鱗肉味鮮美背黑有斑本草云鱖

仙人劉憑常食名桂魚今此魚鄉之人猶有桂之呼焉其殆是歟

有鯽魚即鮒魚也此魚旅行鯽者相即鮒者相附也至冬而味美

有鰕虎之魚類土附而腮紅若虎善食鰕俗謂之新婦之魚

有土附之魚似黑鯉而短小附土而行不似他魚浮水故名京口錄首大而身小謂之吐鮫

有鱨魚其色黃又謂之黃頰

有針口之魚首戴針芒身長五六寸土人多取爲鱭

有河豚之魚出於江海有大毒能殺人無頰無鱗與

口目能開闔能作聲是鱗中之毒品也凡烹調也腹

之子目之精脊之血必盡棄之洎二皮肉肝之有斑

眼之赤肝之獨包鉗之一異俱不可食凡洗宜極淨

煮宜極熟治之不中度不熟則毒于人中其毒者水

調槐花末或龍腦水或至寶丹或橄欖子皆可解也

反諸荊芥等風藥服風藥而食之者即死物類相感

志以荊芥煮其子候如芡丸易荊芥再煮至復小乃

可食蘇文定公轍嘗記吳人丁隲食河豚而死以爲世戒楊禮部家僮三人入肆其食河豚皆即死江南惟稱江陰烹調者爲最良予在金陵毛鴻臚饗予出之曰乃江陰某官所遺也予曰江陰之人倘不中度將何如豈可信也某不敢以不貲之軀試可謝之物毛公即命撤去此品決不可食倘遇他氏宴會饌此亦必禁諭不食乃爲珍重其身者斑魚似河豚而小食者雖無恙然亦是其種類并絕之可也

之曰乃行陰其宮所遺也予因論之人多不中度

惟前工陰亮詔者為最良予亦各贈手詩贈予其

匿成楊禮前後繪三人人静其今穴脉并明絪泊潤

可全謙文裘公號瞻記與人下論今穴所在以為

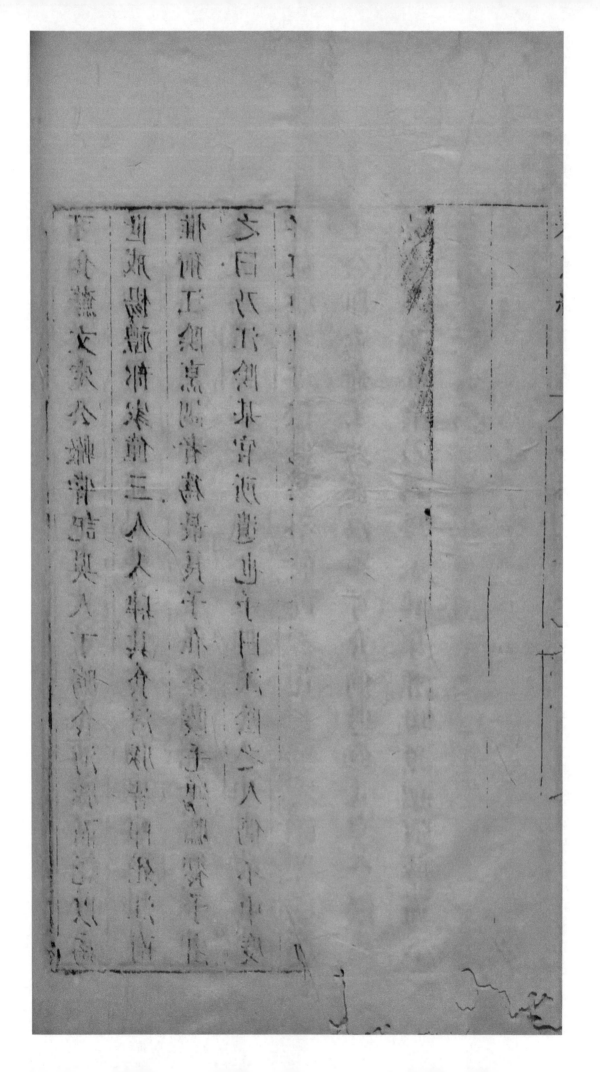

田牧志

吳郡俞宗本編

馬 附驢騾

飲飼之節食有三芻飲有三時何謂也一曰惡芻二曰中芻三曰善芻何謂三時一曰朝飲少之二曰晝飲則胥饜水三曰暮極飲之

驢騾大槩類馬不復別起條端

凡驢馬駒初生忌氣遇新出爐者輒死

凡以豬槽飼馬以石灰泥馬槽汗繫著門皆令馬落

駒

馬久步即生筋勞筋勞則發蹄痛久立則發骨勞骨勞則發癰腫久汗不乾則皮勞皮勞者驟而不振汗未善燥而飲飼之則生氣勞氣勞者驟而不噴驅馳無節則生血勞血勞則發行何以察五勞終日驅馳舍而視之不驟者筋勞也驟而不時起者骨勞也起而不振者皮勞也振而不噴者氣勞也噴而不溺者血勞也筋勞者兩絆郄行三十步而已骨勞者令人牽之起從後笞之起而已皮勞者夾脊摩之熱而已

氣勞者緩繫之大溺而已
三月收合龍駒合驢馬之牝牡此月三日爲上准令
季春之月乃合騾牛驢馬遊牝子牡仲夏之月遊牝
別群則縶騰駒
治馬喉腫方以物纏刀子露刃鋒一寸許刺咽喉潰
則愈
又方取乾馬糞置瓶子中頭髮覆之火燒馬糞及髮
煙出著馬鼻熏令煙入鼻中須臾即差又方豬脊引
脂亂髮燒煙熏鼻同上法

又療馬結熱起卧戰不食水草方黄連二兩白鮮皮一兩油五合豬脂四兩右以温水一升半和藥調停灌下牽行拋糞即愈

馬疥方梟音梟黄頭髮臘月豬脂煎令髮消及熱塗之立効

馬傷水用葱鹽油相和搓成團子内鼻中以手捉馬鼻令不通氣良久待眼淚出即止

馬傷料用生蘿蔔三五箇切作片子啖之効

馬猝熱腹脹起卧欲死方藍汁二升和冷水二升灌

之立効

治新生小駒子瀉肚方藁本末三錢七大麻子研汁

調灌下

驢馬磨打破瘡馬齒菜石灰一處搗爲團曬乾後再

搗羅爲末先口含鹽漿水洗淨用藥末貼之驗

常啖馬藥鬱金大黄甘草山梔子貝母白藥子黄藥

子黄芩欵冬花秦艽黄藥黄連知母桔梗藁本右件

十五味各等分同搗羅爲末每一疋馬每啖藥末二

兩許用油蜜豬脂雞子飯少許同和調啖之

馬氣藥方青橘皮當歸桂心大黃芍藥木通郁李仁
瞿麥白芷牽牛子右件一十味各等分同擣羅爲末
用温酒調灌每疋馬藥末半兩
點馬眼藥青鹽黃連馬牙硝蕤仁文件四味各等分
同研爲末用蜜煎入磁瓶子盛或點時旋取少多以
井水浸化點
治馬急起卧取壁上多年石灰細杵羅用油酒調二
兩用水灌之立效
治馬食槽内草結方好白礬末一兩分爲二服每貼

和飲水後啖之

馬傷脾方川厚朴去麁皮爲末同薑棗煎灌應脾胃有傷不食水草褰唇似笑鼻中氣短宜速與此藥

馬心熱方甘草芒硝黄栢大黄山梔子瓜蔞爲末水調灌

馬肺毒方天門冬知母貝母紫蘇芒硝黄芩甘草薄荷葉同末飯湯入少許醋調灌療肺毒熱極鼻中噴水

馬肝壅方朴硝黄連爲末男子頭髪燒灰存性漿水

調灌

馬脊擒方烏藥芍藥當歸玄參山茵蔯白芷山藥杏

仁秦艽每服一兩酒一大升同煎温灌

馬氣喘方玄參亭歷升麻牛旁兜苓黄耆知母貝母

同爲末

馬尿血方黄耆烏藥芍藥山茵蔯地黄兜苓枇杷葉

爲末漿水煎

馬喉腫方螺青川芎知母川鬱金牛蒡〻炒薄荷貝母

同爲末

馬結尿方滑石朴硝木通車前子爲末每服一兩溫
水調灌
馬結糞方皂角燒灰存性同大黄枳殻麻子仁黄連
厚朴爲末濤米泔調灌
馬舌硬方款冬花瞿麥山梔子地仙草青黛鵬砂朴
硝油煙墨等分爲細末每用半兩許塗舌上立差
馬腸痛方羌活白藥甜瓜子當歸沒藥芍藥爲末春
夏漿水加蜜秋冬小便調療腸痛低頭難不食草
馬流沫方當歸菖蒲白术澤瀉赤石脂枳殻厚朴甘

草爲末煎灌
馬傷蹄方大黄五靈脂木鼈子去油海桐皮甘草土
黄芸臺子白芥子爲末黄米粥調藥攤帛上纒之

牛

餵養牛法農隙時入暖屋用場上諸糠穰鋪牛脚下
謂之牛鋪牛糞其上次日又覆糠穰每日一覆十日
除一次牛一具三隻每日前後餉約飼草三束豆料
八升或用鹽沙乾桑葉水三桶浸之牛下餉啑透刷
飽飲畢辰巳時間上槽一頓可分三和皆水拌第一

和草多料少第二比前草減半少加料第三草比第二又減半所有料全繳拌食盡即往使耕噍了牛無力夜餵牛各帶一鈴草盡牛不食則鈴無聲即拌之飽即使耕俗諺云三和一繳須管要飽不要噍了使去最好

水牛飲飼與黃牛同夏日須得水池冬須得暖廠牛衣

疫方真安息香於牛欄中燒如燒香法如初覺有一頭至兩是疫即牽出以鼻吸之立愈

又方十二月兎頭燒作灰和水五升灌口中良

牛欲死腹脹方研麻子汁五升温令熱灌口中愈此治食生豆脹垂死者甚良

牛鼻脹方以醋灌耳中立差

牛疥方煮烏豆汁熱洗五度差

牛肚脹及嗽方取榆白皮水煮令熱甚滑以三五升灌之即差

牛虱方以胡麻油塗之即愈豬肚亦得六畜虱塗之亦愈

羊

常留臘月正月生羔爲種者上十一月二月生者次之大率十口二羝羝無角者更佳供厨者宜剩之牧羊必須大老子心性宛順者起居以時調其宜適卜式云牧民何異於是者唯遠水爲良二日一飲緩驅行勿停息春夏早放秋冬晚出圈不厭近必須與人居相連開窗向圈架北牆爲厰圈中作臺開竇無令停水二日一除勿使糞穢圈內須並牆竪柴柵令周匝羊一千口者三四月中種大豆一頃雜穀并草留

之不須鋤治八九月中刈作青茭若不種豆穀者初草實成時收刈雜草薄鋪使乾勿令鬱浥既至冬寒多饒風霜或春初雨落青草未生時則須飼不宜出放

羊有疥者間別之不別相染汚或能合群致死羊疥先著口者難治多死凡羊經疥得差後夏初犯時宜賣易之不尔後年春疥發必死矣

家政法曰養羊法當以瓦器盛一升鹽懸羊欄中羊喜鹽自數還啖之不勞人收

豬

母豬取短喙無柔毛者良牝者子母不同圈牡者同圈則無嫌圈不厭小處厭穢亦須小廠以避雨雪春夏草生隨時放牧糟糠之屬當日別與八九十月放而不飼所有糟糠則蓄待窮冬春初初產者宜煮穀飼之其子三日便掐尾六十日後犍十一月十二月生者豚一宿蒸之不蒸則腦凍不合不出旬便死供食豚乳下者佳揀取別飼之愁其肥共母同圈粟豆難足宜埋車輪為食場散粟豆於內小豚食足出入

自由肥速

閹豬了待瘡口乾平復後取巴豆兩粒去殼爛搗和麻籸糟糠之類飼之半日後當大瀉其後日見肥大

肥豕法麻子二升搗十餘杵一一升同煮後和糠三斗飼之立肥

鷄

鷄種取桑落時生者良春夏生者則不佳鷄春夏雛二十日內無令出窠飼以燥飯雞棲宜據地為籠籠內著棧雖鳴聲不朗而安穩易肥又免狐狸之患若

作之樹木一遇風寒大者損小者或死燃柳柴殺雞
雛小者死大者盲
家政法曰養雞法二月先耕一畝作田秫粥灑之刈
生茅覆上自生白蟲便買黃雌雞十隻雄一隻於
地上作屋方廣丈五於屋下懸簀令雞宿上夏月宿
晝雞當還屋下息并於園中築作小屋覆雞得養子
烏不得就
養生論曰小兒不可食暴園不畏烏鵰狐狸法取穀
又曰黑雞白頭食之病人

鵞鴨

鵞鴨並一歲再伏者爲種大率鵞三雌一雄鴨五雌一雄鵞初輩生子十餘鴨生數十後輩皆漸少矣欲於厰屋之下作窠多著細草於窠中令煖先刻白木爲卵形窠别著一枚以誑之生時尋即收取别著一煖處以柔細草覆藉之伏時大鵞一十子大鴨二十子小者減之數起者不任爲種其貪伏不起者須五六日一與食起之令洗浴鵞鴨皆一月雛出量雛欲出之時四五日不用聞打鼓紡車大叫豬犬及舂聲

又不用器淋灰不用見新產婦雛既出作籠籠之先
以粳米爲粥糜一頓飽食之名曰塡嗉然後以粟飯
切苦菜蕪菁英爲食以清水與之濁則易入水中不
用停久尋宜驅出於籠中高處敷細草令寢處其上
十五日後乃出籠鵞喉食五穀稗子及草菜不食生
蟲鴨靡不食矣水稗實成時尤是所便噉此足得肥
充供廚者子鵞百日以外子鴨六七十日佳過此肉
硬大率鵞鴨六年以上老不復生伏矣宜去之少者
初生伏又未能工唯數年之中佳耳

純取雌鴨無令雜雄足其粟豆常令肥飽一鴨便生百卵

養蜂

人家多於山野古窯中收取蓋小房或編荊囤兩頭泥封開一二小竅使通出入另開一小門泥封時時開却掃除常淨不令他物所侵秋花彫盡留冬月可食蜜脾割取作蜜蠟至春三月掃除如前常於蜂窠前置水一器不致渴損春月蜂成有數箇蜂王當審多少壯與不壯若可分為兩窠止留蜂王兩箇其餘

摘去如不壯舊蜂王外其餘蜂王盡行摘去